제35회 공인중개사 시험대비 **전면개정판**

동영상강의 www.pmg.co.kr

박문각  개사

최성진
부동산공법
찍기특강

최성진 편저

객관식 기술(40선) + 문제은행(60선)

- 테마1. 객관식 기술(객관식 문제 해결하는 요령 분석)
- 테마2. 객관식 기술(이것만 알아도 40점 이상 up)
- 테마3. 반복적으로 기출되는 문제 60선

이 책의 머리말

객관식 기술 40選 + 문제은행 60選 특강 교재의 구성은

본 객관식 기술 40選 + 문제은행 60選 특강 교재는 공인중개사시험 일자는 다가오고, 공법은 잘 안 되고, 힘든 수험생들을 위하여 단기적으로 객관식에 기술적으로 접근할 수 있도록 만든 객관식 기술입니다.

합격점수를 얻을 수 있도록 찍기특강을 잘 활용하세요.

테마1. 객관식 기술(객관식 문제 해결하는 요령 분석)
객관식 문제를 푸는 가장 기본적인 기술을 5가지 서술하였습니다.

테마2. 객관식 기술(이것만 알아도 40점 이상 up)
핵심적인 객관식 기술, 즉 객관식 문제 해결하는 요령 분석 40選을 이론과 핵심문제를 통해 객관식에 접근하도록 구성하였습니다.

테마3. 반복적으로 기출되는 문제 60選
반드시 출제되는 논점, 매년 반복기출되는 문제의 유형을 정확하게 분석 정리하여 60選 학습 만으로 합격점수를 얻을 수 있도록 구성하였습니다.

이 교재를 공인중개사, 여러분의 새로운 꿈이 더 이상 꿈이 아닌 현실이 되기를 소망하며 최선을 다하여 집필하였습니다.

盡人事待天命

― 사람이 제 할일을 다하고 그 결과는 하늘에 맡겨라. ―

마지막까지 최선을 다하는 당신이 아름답습니다.
당신은 꼭 합격합니다.
여러분의 합격을 진심으로 기원합니다.
어제보다 아름다워지려는 당신을 응원하는

心作 **최성진** 올림

테마 01　객관식 기술(객관식 문제 해결하는 요령 분석)

01. 부정형의 문장은 의심해라.

① 법률 규정은 ○○하면, ○○한다. 즉, 긍정형의 문장이 법률규정의 대부분이다.

② 반드시 부정형의 문장은 의심해라 !!! 시험문제는 법률규정을 토대로 하여 구성되므로, 긍정형의 대부분이 옳은 문장이며, 부정형의 문장은 대부분이 틀린 문장일 확률이 크다. 한 해에 부정형이 27문제가 정답인 경우도 있었다.

예제1 **국토의 계획 및 이용에 관한 법령상 광역도시계획 등에 관한 설명으로 틀린 것은?**

① 국토교통부장관은 광역계획권을 지정하려면 관계 시·도지사, 시장 또는 군수의 의견을 들은 후 중앙도시계획위원회의 심의를 거쳐야 한다.

② 시·도지사, 시장 또는 군수는 광역도시계획을 변경하려면 미리 관계 시·도, 시 또는 군의 의회와 관계 시장 또는 군수의 의견을 들어야 한다.

③ 국토교통부장관은 시·도지사가 요청하는 경우에도 시·도지사와 공동으로 광역도시계획을 수립할 수 없다.

④ 시장 또는 군수는 광역도시계획을 수립하려면 도지사의 승인을 받아야 한다.

⑤ 시장 또는 군수는 광역도시계획을 변경하려면 미리 공청회를 열어야 한다.

해설 ③ 시·도지사가 요청하는 경우와 그 밖에 필요하다고 인정되는 경우에는 관할 시·도지사와 국토교통부장관이 공동으로 수립할 수 있다.

02. 단정적인 단어가 들어간 경우에는 함정의 확률이 높으며, 예외가 있는지를 생각해라.

반드시, 항상, 언제나, 절대적으로, ○○에 한한다. 등은 틀린 문장일 확률이 크다.
단, 예외가 있는지 여부를 생각하여야 함에 유의하기 바란다.

예제1 특별시장·광역시장·특별자치시장·특별자치도지사는 반드시 도시·군기본계획을 수립하여야 한다. [ ]　　　　　　　　　해설 [○]

예제2 도시·군계획시설결정의 고시일부터 10년 이내에 해당 도시·군계획시설사업이 시행되지 아니한 지목이 대인 토지에 한하여 매수청구할 수 있다. [ ]　　해설 [○]

예제3 허가권자는 도로의 위치를 폐지·변경하려는 경우에는 필수적으로[=반드시] 도로에 대한 이해관계인의 동의를 받아야 한다. [ ]　　　　　　해설 [○]

예제4 입체환지를 시행하는 경우에는 반드시 평가식을 적용하여야 한다. [ ]　　해설 [○]

03. 박스형의 문제는 주는 문제이다.

박스형의 문제는 매우 쉬운 문제이다. 즉, 박스형의 문제(제거형)가 하나씩 제거하면서 풀면은 문제 지문을 다 알지 못해도 객관식은 해결이 가능하다.

단, 옳은 것은 몇 개인가? 찾는 문제는 풀지 말고 뒤로 미루고, 다른 문제부터 풀어라.

[제거형]

예제1 **국토의 계획 및 이용에 관한 법령상 청문을 해야 하는 경우만을 모두 고른 것은?**

> ㉠ 개발행위허가의 취소
> ㉡ 도시·군기본계획 승인의 취소
> ㉢ 개발밀도관리구역 지정의 취소
> ㉣ 도시·군계획시설사업 실시계획 인가의 취소
> ㉤ 도시·군계획시설사업의 시행자 지정의 취소

① ㉠, ㉡, ㉢　　　　② ㉡, ㉢, ㉣　　　　③ ㉠, ㉣, ㉤
④ ㉡, ㉣, ㉤　　　　⑤ ㉢, ㉣, ㉤

해설 ③ ㉠, ㉣, ㉤은 청문을 하여야 한다.
㉡ 도시·군기본계획 승인의 취소, ㉢ 개발밀도관리구역 지정의 취소는 청문절차가 없다.

[제거형]

예제2 **건축법령상 면적이 200m² 이상인 대지에 건축을 하는 건축주는 용도지역 및 건축물의 규모에 따라 해당 지방자치단체의 조례로 정하는 기준에 따라 대지에 조경이나 그 밖에 필요한 조치를 하여야 한다. 다만, 건축법령은 예외적으로 조경 등의 조치를 필요로 하지 않는 건축물을 허용하고 있다. 이러한 예외에 해당하는 것을 모두 고른 것은?**

> ㉠ 지구단위계획구역으로 지정된 관리지역·농림지역·자연환경보전지역의 단독주택
> ㉡ 녹지지역에 건축하는 연면적이 800m²인 수련시설
> ㉢ 축사, 건축법상 허가대상 가설건축물
> ㉣ 면적 4,000m² 대지에 건축하는 공장, 연면적의 합계가 1,000m²인 공장, 산업단지 안의 공장
> ㉤ 상업지역 또는 주거지역에 건축하는 연면적 합계가 1,500m²인 물류시설

① ㉠, ㉡, ㉣　　　　② ㉡, ㉢, ㉣　　　　③ ㉠, ㉡, ㉢, ㉣
④ ㉠, ㉢, ㉣, ㉤　　　　⑤ ㉠, ㉡, ㉢, ㉣, ㉤

해설 ② ㉠ 지구단위계획구역으로 지정된 관리지역·농림지역·자연환경보전지역은 조경을 하여야 한다.
㉤ 상업지역 또는 주거지역에 건축하는 연면적 합계가 1,500m²인 물류시설은 조경을 하여야 한다.

04. 낯선 지문이나 처음 보는 듯 한 지문은 스킵[skip = △] 하는 것이 좋다.

① 문제가 길고 처음 보거나, 정확하게 모르는 문제 등 어려운 문제는 △로 표시하여 뒤로 미루고, 쉬운 문제, 짧은 문제부터 풀어 나가라. [시간 안배에 철저하라.]
② 객관식은 ○, ×, △를 잘하는 것이 실력이다.
③ 낯선 지문이 답일 확률은 5% 이내이다.
④ 나를 잘 아는 사람이 사기 친다. 즉, 익숙한 지문이 정답일 확률이 크다.
⑤ 낯선 지문은 답일 확률이 거의 없다. "낯선 여자에게서는 내 남자의 향이 안 난다."

[제거형]

예제1 **주택법령상 주택건설사업자 등에 관한 설명으로 옳은 것을 모두 고른 것은?**

> ㉠ 한국토지주택공사가 연간 10만제곱미터 이상의 대지조성사업을 시행하려는 경우에는 대지조성사업의 등록을 하여야 한다.
> ㉡ 주택건설공사를 시공할 수 있는 등록사업자가 최근 3년간 300세대 이상의 공동주택을 건설한 실적이 있는 경우에는 주택으로 쓰는 층수가 7개층인 주택을 건설할 수 있다.
> ㉢ 세대수를 증가하는 리모델링주택조합이 그 구성원의 주택을 건설하는 경우에는 등록사업자와 공동으로 사업을 시행할 수 없다.

① ㉠　　　　　　　② ㉡　　　　　　　③ ㉠, ㉢
④ ㉡, ㉢　　　　　　⑤ ㉠, ㉡, ㉢

해설 ② ㉡ 최근 3년간 300세대 이상의 공동주택을 건설한 실적이 있는 경우에는 주택으로 쓰는 층수가 6개층 이상인 주택을 건설할 수 있으므로 "7개층인 주택"을 건설할 수 있다.
㉠ 한국토지주택공사는 등록을 하지 아니한다.
㉢ 세대수를 증가하는 리모델링주택조합이 그 구성원의 주택을 건설하는 경우에는 등록사업자와 공동으로 사업을 시행할 수 있다.

05. 찍는 것도 실력이다.

① 한국산업인력공단의 시험출제 요강에는 정답지문을 ①,②,③,④,⑤번 각각 8개씩 배열을 원칙으로 한다.
② 정확하게 일치하지는 않지만 7~9개 정도로 ①,②,③,④,⑤번 정답 숫자를 배열한다.
③ 부동산학개론 계산문제나 부동산공법의 어려운 문제는 찍을 때도 무작정 찍지 말고 정답수가 가장 적은 것 중심으로 공략하여 찍는다.

최근 기출문제 지문별 기출 정답 수													
28회시험	① 7	29회시험	① 7	30회시험	① 8	31회시험	① 8	32회시험	① 9	33회시험	① 8	34회시험	① 8
	② 8		② 8		② 8		② 8		② 9		② 9		② 7
	③ 8		③ 8		③ 8		③ 8		③ 8		③ 9		③ 8
	④ 8		④ 8		④ 8		④ 9		④ 7		④ 7		④ 9
	⑤ 9		⑤ 9		⑤ 8		⑤ 7		⑤ 7		⑤ 7		⑤ 8

[테마 02] 객관식 기술(이것만 알아도 40점 ↑)

01. 부동산 공법상 국가계획[→ 중앙, 기본, 관리[광역×]]하면 모두 국토교통부장관이나

▶ 단! 국가계획으로 설치하는 광역시설은 법인이 설치 관리할 수 있다.

[예제1] 국토의 계획 및 이용에 관한 법령상 국가계획이란 중앙행정기관이 법률에 따라 수립하거나 국가의 정책적인 목적달성을 위하여 수립하는 계획 중 [① 광역도시계획의 내용/ ② 도시·군기본계획의 내용]이나 도시·군관리계획으로 결정하여야 할 사항이 포함된 계획을 말한다.

[해설] ②

[예제2] 국토의 계획 및 이용에 관한 법령상 국가계획으로 설치하는 광역시설은 국토교통부장관이 설치·관리할 수 있다. [　]

[해설] 국토교통부장관(×) → 국가계획으로 설치하는 광역시설은 법인(○)

[예제3] 국토의 계획 및 이용에 관한 법령상 국가계획과 관련된 경우에는 국토교통부장관이 직접 도시·군관리계획을 입안할 수 있다. [　]　　　　[해설] (○)

02 부동산 공법상 수립기준 → 국토교통부장관이 정한다. [모두 국~~]

도시·군계획시설의 결정·구조·설치기준, 환지계획의 작성기준, 보류지의 책정기준은 국토교통부령으로 정한다.

단! 국토계획법상 공간재구조화계획 제안의 기준, 절차 등에 필요한 사항은 대통령령으로 정한다. 개발행위허가기준은 대통령령으로 정한다. [공제대, 개대령]

1. 국토의 계획 및 이용에 관한 법령상 광역도시계획, 도시·군기본계획, 도시·군관리계획의 수립기준 등은 대통령령이 정하는 바에 따라 국토교통부장관이 정한다.

2. 국토의 계획 및 이용에 관한 법령상 도시·군계획시설의 결정·구조·설치기준 등에 필요한 사항은 국토교통부령으로 정한다.

3. 도시개발법상 환지계획의 작성에 따른 환지 계획의 기준, 보류지의 책정 기준 등에 관하여 필요한 사항은 국토교통부령으로 정할 수 있다.

4. 국토의 계획 및 이용에 관한 법령상 지구단위계획의 수립기준 등은 대통령령으로 정하는 바에 따라 국토교통부장관이 정한다.

5. 국토의 계획 및 이용에 관한 법령상 성장관리계획구역의 지정 기준 및 절차 등에 관하여 필요한 사항은 대통령령(국토교통부장관이 정하여 고시한다)으로 정한다.

6. 국토의 계획 및 이용에 관한 법령상 개발밀도관리구역의 지정기준, 기반시설부담구역의 지정기준에 필요한 사항은 대통령령으로 정하는 바에 따라 국토교통부장관이 정한다.

7. 도시정비법상 정비기본계획, 정비계획의 작성기준 및 작성방법은 국토교통부장관이 정한다.

예제1 국토의 계획 및 이용에 관한 법령상 도시·군기본계획의 수립기준 등은 대통령령이 정하는 바에 따라 시·도지사가 정한다. [ ]

해설 시·도지사(×) → 국토교통부장관이 정한다.(○)

예제2 국토의 계획 및 이용에 관한 법령상 지구단위계획의 수립기준 등은 대통령령으로 정하는 바에 따라 시·도지사가 국토교통부장관과 협의하여 정한다. [ ]

해설 시·도지사가 국토교통부장관과 협의(×) → 국토교통부장관이 정한다.(○)

예제3 국토의 계획 및 이용에 관한 법령상 성장관리계획구역의 지정 기준 및 절차 등은 국토교통부장관이 정한다. [ ]   해설 (○)

예제4 도시개발법상 환지계획 작성에 따른 환지계획의 기준, 보류지책정기준 등에 관하여 필요한 사항은 시행자가 정한다. [ ]

해설 시행자(×) → 국토교통부령(○)

예제5 **국토의 계획 및 이용에 관한 법령상 도시·군관리계획에 대한 설명 중 옳은 것은?**

① 도시·군관리계획의 입안권은 시장·군수·구청장의 고유권한이다.
② 광역도시계획이 수립되어 있는 시 또는 군에서는 도시·군관리계획을 수립하지 아니할 수 있다.
③ 도시·군관리계획 결정은 지형도면을 고시한 날의 다음 날부터 효력이 발생한다.
④ 도시·군관리계획의 수립기준은 대통령령이 정하는 바에 따라 국토교통부장관이 정한다.
⑤ 시가화조정구역의 지정에 관한 도시·군관리계획은 국토교통부장관이 결정한다.

해설 ④
① 도시·군관리계획의 입안권자는 원칙적으로 특별시장·광역시장·특별자치도지사·특별자치시장·시장 또는 군수이고, 예외적으로 국토교통부장관과 도지사이다.
② 도시·군관리계획이 아니라 도시·군기본계획이다.
③ 다음 날이 아니라 도시·군관리계획 결정은 지형도면을 고시한 날부터 효력이 발생한다.
⑤ 시가화조정구역의 지정에 관한 도시·군관리계획은 시·도지사가 결정한다. 다만, 시가화조정구역 중 국가계획과 연계하여 지정이 필요한 경우에 국토교통부장관이 결정한다.

03. 부동산 공법상 채권파트에서 기획재정부장관은 안 나와!!! [공법에서 기획재정부장관 나와]

예제1 도시개발법상 기획재정부장관이 요청하는 경우에 국토교통부장관이 도시개발구역을 지정할 수 있다. [ ]   해설 (○)

예제2 건축법상 국토교통부장관은 기획재정부장관이 국민경제상 필요하다고 인정하여 요청할 때에는 건축허가나 허가를 받은 건축물의 착공을 제한할 수 있다. [ ] 해설 (○)

예제3 국토계획법상 관리청이 불분명한 경우에는 도로 등에 대하여는 국토교통부장관을, 하천에 대하여는 환경부장관을 관리청으로 보고, 그 외의 재산에 대하여는 기획재정부장관을 관리청으로 본다. [ ]　　　　　　　　해설 (○)

예제4 도시개발법상 토지상환채권의 이율은 발행 당시의 금융기관의 예금금리 및 부동산수급상황을 고려해서 기획재정부장관이 정한다. [ ]

해설 기획재정부장관(×) → 발행자가 정한다.(○)

예제5 주택법상 주택상환사채를 발행하려는 자는 기획재정부장관의 승인을 받아야 한다. [ ]

해설 기획재정부장관(×) → 국토교통부장관의 승인을 받아야 한다.(○)

04. 부동산 공법상 채권파트에서 행정안전부장관은 도시개발채권만 나온다.

예제1 도시개발법상 도시개발채권을 발행하는 경우 채권의 발행방법, 총액, 조건, 상환방법 및 절차 등에 대하여 기획재정부장관의 승인을 받아야 한다. [ ]

해설 기획재정부장관(×) → 행정안전부장관(○)

예제2 도시개발채권의 이율은 채권의 발행 당시의 국채·공채 등의 금리와 특별회계의 상황 등을 고려하여 발행자가 정한다. [ ]

해설 발행자가 정한다.(×) → 이율은 해당 시·도의 조례로 정한다.

05. 부동산 공법상 채권파트 중 상환이 이름은 기명이, 나머지는 안 기명

예제1 도시개발법상 토지상환채권은 무기명증권으로 발행하며, 양도가 불가능하다. [ ]

해설 무기명증권(×), 양도가 불가능하다.(×) → 토지상환채권은 기명증권, 양도가 가능하다.(○)

예제2 도시개발법상 도시개발채권은 주식·사채 등의 전자등록에 관한 법률에 따라 전자등록하여 발행하거나 기명증권으로 발행할 수 있으며, 발행방법에 관하여 필요한 세부적인 사항은 시·도의 조례로 정한다. [ ]

해설 기명증권(×) → 무기명증권으로 발행할 수 있다.(○)

예제3 주택법상 주택상환사채는 무기명증권이고, 액면 또는 할인의 방법으로 발행한다. [ ]

해설 무기명증권 (×) → 기명증권으로 하고, 액면 또는 할인의 방법으로 발행한다.(○)

06. 부동산 공법상 채권 중 주택상환사채만 양도가 안 돼!!! 나머지 채권은 모두 양도 돼

예제1 도시개발법상 토지상환채권은 기명증권으로 발행하므로 양도가 불가능하다. [　]

해설 불가능하다.(×) → 토지상환채권은 양도가 가능하다.(○)

예제2 주택법상 주택상환사채의 상환기간은 3년을 초과할 수 없으며, 양도하거나 중도에 해약할 수 있다. [　]

해설 있다.(×) → 주택상환사채는 원칙적으로 양도하거나 중도에 해약할 수 없다.(○)

예제3 **주택법령상 주택상환사채를 양도하거나 중도에 해약할 수 있는 경우가 아닌 것은?**

① 세대원의 취학으로 인하여 세대원 전원이 다른 행정구역으로 이전하는 경우

② 세대원의 질병치료로 인하여 세대원 전원이 다른 행정구역으로 이전하는 경우

③ 세대원의 근무로 인하여 세대원 일부가 다른 행정구역으로 이전하는 경우

④ 세대원 전원이 2년 이상 해외에 체류하고자 하는 경우

⑤ 세대원 전원이 상속에 의하여 취득한 주택으로 이전하는 경우

해설 ③ 세대원 일부(×) → 세대원 전부(○)

예제4 **주택법령상 주택상환사채에 관한 설명으로 틀린 것은?**

① 한국토지주택공사는 주택상환사채를 발행할 수 있다.

② 주택상환사채를 발행한 자는 발행조건에 따라 주택을 건설하여 사채권자에게 상환하여야 한다.

③ 주택상환사채는 기명증권으로 한다.

④ 사채권자의 명의변경은 취득자의 성명과 주소를 사채원부에 기록하는 방법으로 한다.

⑤ 등록사업자의 등록이 말소된 경우에는 등록사업자가 발행한 주택상환사채도 효력을 상실한다.

해설 ⑤ 등록사업자의 등록이 말소된 경우에도 등록사업자가 발행한 주택상환사채의 효력에는 영향을 주지 아니한다.

예제5 **도시개발법령상 토지상환채권에 관한 설명으로 틀린 것은?**

① 토지상환채권은 타인에게 이전이 가능하다.

② 토지상환채권은 기명식으로 발행한다.

③ 토지상환채권의 발행규모는 그 토지상환채권으로 상환할 토지 또는 건축물이 해당 도시개발사업으로 조성되는 분양토지 또는 분양건축물 면적의 2분의 1을 초과하지 아니하도록 하여야 한다.

④ 토지상환채권의 이율은 발행 당시의 금융기관의 예금금리 및 부동산수급상황을 고려해서 기획재정부장관이 정한다.

⑤ 도시개발구역의 토지소유자인 시행자가 토지상환채권을 발행하는 때에는 은행법에 따른 금융기관 등의 지급보증을 받아야 한다.

해설 ④ 토지상환채권의 이율은 발행자가 정한다.

예제6 **도시개발법령상 수용 또는 사용방식에 따른 사업시행과 관련한 설명 중 틀린 것을 모두 열거한 것은? [제거형]**

> ㉠ 개발계획에 수용 또는 사용되는 토지의 세부목록이 포함되어 고시된 경우에는 공익사업을 위한 토지 등의 취득 및 보상에 관한 법률에 따른 사업인정 및 고시가 있었던 것으로 본다.
> ㉡ 지방공기업법에 의하여 설립된 지방공사인 시행자는 토지소유자의 동의 없이 도시개발사업에 필요한 토지 등을 수용 또는 사용할 수 없다.
> ㉢ 지방공기업법에 의하여 설립된 지방공사인 시행자는 금융기관의 지급보증을 받은 경우에 한하여 토지상환채권을 발행할 수 있다.
> ㉣ 토지소유자인 시행자의 경우 선수금을 받기 위한 공사진척률은 100분의 10 이상이다.

① ㉠, ㉡　　　　② ㉠, ㉢　　　　③ ㉠, ㉣
④ ㉡, ㉢　　　　⑤ ㉡, ㉣

해설 ④
㉡ 지방공기업법에 의하여 설립된 지방공사인 시행자는 토지소유자의 동의 없이 도시개발사업에 필요한 토지 등을 수용 또는 사용할 수 있다.
㉢ 지방공사인 시행자는 금융기관의 지급보증을 받지 아니하고 토지상환채권을 발행할 수 있다.

예제3 **도시개발법령상 도시개발채권에 관한 설명으로 옳은 것은?**

① 도시개발조합은 도시개발사업 또는 도시·군계획시설사업에 필요한 자금을 조달하기 위하여 도시개발채권을 발행할 수 있다.
② 도시개발채권을 발행하는 경우 발행 총액에 대하여 기획재정부장관의 승인을 받아야 한다.
③ 도시개발채권의 소멸시효는 상환일부터 기산하여 원금은 5년, 이자는 3년으로 한다.
④ 도시개발채권의 상환은 5년부터 10년까지의 범위에서 행정안전부장관이 따로 정하여 고시한다.
⑤ 도시개발채권의 매입의무자가 매입하여야 할 금액을 초과하여 도시개발채권을 매입한 경우 중도상환을 신청할 수 있다.

해설 ⑤
① 도시개발조합(×) → 지방자치단체의 장(시·도지사)[○]
② 도시개발채권을 발행하는 경우 발행 총액 등에 대하여 행정안전부장관의 승인을 받아야 한다.
③ 도시개발채권의 소멸시효는 상환일부터 기산하여 원금은 5년, 이자는 2년으로 한다.
④ 도시개발채권의 상환기간은 5년 내지 10년의 범위에서 지방자치단체의 조례로 정한다.

07. 부동산 공법상 허가권자에는 도지사가 없다.

- ▶ **국토계획법상 허가는 [6짱=특별시장·광역시장·특별자치시장·특별자치도지사·시장 또는 군수]**
- ▶ **시가화조정구역 개발행위허가[6짱]**
- ▶ **2년 미집행 개발행위허가[6짱]**
- ▶ **10년 미집행 개발행위허가[6짱]**
- ▶ **공동구 사용허가[6짱]**
- ▶ **타인토지출입의 허가[6짱]**
- ▶ **개발행위허가[6짱]**
- ▶ **[6짱]이 허가내주면서 작게지어라 개발밀도관리구역의 지정[6짱]**
- ▶ **[6짱]이 허가내주면서 돈내라 기반시설부담구역의 지정[6짱]**
- ▶ **[6짱]이 돈 걷었으면 기반시설설치계획도 [6짱] (공법상 허가권자에 도지사는 없다.)**

예제 1 국토계획법상 타인의 토지에 출입하려는 자는 시·도지사의 허가를 받아야 한다. [　]

　　해설 시·도지사(×) → 특별시장·광역시장·특별자치시장·특별자치도지사·시장 또는 군수[6짱]

예제 2 건축법령상 A도 B시에서 30층의 건축물을 건축하려는 자는 건축허가신청 전에 A도지사에게 건축물의 건축이 법령에서 허용되는지에 대한 사전결정을 신청할 수 있다. [　]

　　해설 A도지사(×) → B시장[허가권자]에게 사전결정을 신청할 수 있다.

예제 3 **국토의 계획 및 이용에 관한 법령상 타인 토지의 출입 등에 관한 설명 중 틀린 것은?**

① 타인의 토지에 출입하려는 자는 관할 시·도지사의 허가를 받아야 하며, 타인의 토지에 출입하고자 하는 날의 7일 전까지 해당 토지의 소유자·점유자 또는 관리인에게 그 일시와 장소를 통지하여야 한다.

② 타인의 토지를 일시사용하려는 자는 사용하려는 날의 3일 전까지 토지의 소유자·점유자·관리인에게 알려야 한다.

③ 행정청인 도시·군계획시설사업의 시행자는 타인의 토지를 임시통로로 일시사용하려는 자는 토지의 소유자·점유자·관리인의 동의를 받아야 한다.

④ 일출 전이나 일몰 후에는 점유자의 승낙 없이 택지나 담장·울타리로 둘러싸인 타인의 토지에 출입할 수 없다.

⑤ 타인토지의 출입 등의 행위로 인하여 손실을 받은 자가 있는 때에는 그 행위자가 속한 행정청이 손실을 보상하여야 한다.

　　해설 ① 특별시장·광역시장·특별자치시장·특별자치도지사·시장·군수[도지사×]의 허가를 받아야 한다.

08. 부동산 공법상 광역도시계획만 3년 이내 승인 신청, 나머지는 승인신청의 기간제한이 없다.

▶ 광역도시계획과 도시·군기본계획은 ~일 하면은 모두 30일이나 공청회만 14일 전이고,
▶ 광역도시계획과 도시·군기본계획은 ~~년 하면은 모두 5년이나, 광역도시계획의 승인 신청만 3년이다.

예제1 국토계획법상 시·도지사는 광역도시계획을 수립하는 때에는 2년 이내에 국토교통부장관의 승인을 받아야 한다. [　]　　해설 2년(×) → 3년(○)

예제2 국토계획법상 시장·군수는 도시·군기본계획을 수립하는 때에는 3년 이내에 도지사의 승인을 받아야 한다. [　]　　해설 3년 이내에(×) → 승인신청 기간이 없다.(○)

예제3 국토계획법상 국토교통부장관, 시·도지사, 시장 또는 군수가 광역도시계획을 수립하는 때 기초조사정보체계를 구축한 경우에는 등록된 정보의 현황을 [① 3년, ② 5년]마다 확인하고 변동사항을 반영하여야 한다.　　해설 ②

예제4 국토계획법상 도시·군기본계획의 입안일부터 [① 3년, ② 5년] 이내에 토지적성평가를 실시한 경우 등 대통령령으로 정하는 경우에는 토지적성평가 또는 재해취약성분석을 하지 아니할 수 있다.　　해설 ②

예제5 국토계획법상 공청회를 열어 주민 및 관계 전문가 등으로부터 의견을 들어야 하며, 타당한 의견은 광역도시계획에 반영하여야 한다. 일간신문, 관보, 공보, 인터넷 홈페이지 또는 방송 등의 방법으로 공청회 개최예정일 [① 14일 전까지, ② 14일 이상] 1회 이상 공고하여야 한다.　　해설 ①

예제6 국토계획법상 시장 또는 군수는 도시·군기본계획을 수립하려면 시 또는 군의회 의견을 들어야 하며, 특별한 사유가 없는 한 [① 14일, ② 30일] 이내에 의견을 제시하여야 한다.　　해설 ②

예제7 **국토의 계획 및 이용에 관한 법령상 광역도시계획의 수립에 관한 다음 설명 중 틀린 것은?**

① 광역계획권이 같은 도의 관할 구역에 속하여 있는 경우에는 관할 시장·군수가 공동으로 수립하여야 한다.
② 광역계획권이 2 이상 시·도의 관할구역에 속하여 있는 경우에는 시·도지사가 공동으로 수립하여야 한다.
③ 광역계획권을 지정한 날부터 5년이 지날 때까지 시장 또는 군수로부터 승인 신청이 없는 경우에는 관할 도지사가 직접 광역도시계획을 수립하여야 한다.
④ 시장·군수가 협의해서 요청하는 경우에는 도지사가 단독으로 광역도시계획을 수립할 수 있다.
⑤ 도지사는 시장·군수가 요청하는 경우와 그 밖에 필요하다고 인정되는 경우에는 관할 시장·군수와 공동으로 광역도시계획을 수립할 수 있다.

해설 ③ 5년(×) → 3년(○)

09. 부동산 공법상 공청회 → 공청회를 개최하여 주민과 관계 전문가로부터 의견을 들어야 하며, 타당하면 반영하여야 한다.

1. 광역도시계획 수립시 공청회를 개최[○]
2. 도시·군기본계획 수립시 공청회를 개최[○]
3. 도시·군관리계획 입안시 공청회를 개최[×]
　　단, 예외적으로 재정비시, 도시·군기본계획을 수립×, 시 또는 군 → 공청회를 개최[○]
4. 도시개발구역[○] → 개발구역면적이 100만m² 이상 공람기간 끝난 후에 공청회를 개최
5. 정비계획 공청회 개최× [주민설명회○→ 정비계획만 나와] /정비기본계획 주민설명회[×]
6. 농지이용계획 수립시 공청회를 개최[○]

예제1 국토계획법상 시장 또는 군수는 광역도시계획을 변경하려는 경우 경미한 사항이면 공청회를 개최하지 아니할 수 있다. [　]
> **해설** (×) → 시장 또는 군수는 광역도시계획을 변경하려면 미리 공청회를 개최하여야 한다. [생략할 수 없다.]

예제2 국토계획법상 도시·군기본계획의 수립시 공청회를 개최하여 주민의 의견은 들어야 되나, 관계 전문가로부터 의견을 들을 필요는 없다. [　]
> **해설** (×) → 주민과 관계 전문가로부터 의견을 들어야 하며, 타당하면 반영하여야 한다.(○)

예제3 국토계획법상 도시·군관리계획 입안하는 경우에는 공청회를 개최하여 주민의 의견을 들어야 한다. [　]
> **해설** 공청회를 개최하여 (×) → 공고하고 14일 이상 일반이 열람할 수 있도록 하여야 한다.(○)

예제4 **국토의 계획 및 이용에 관한 법령상 계획의 수립 또는 변경시 반드시 공청회를 개최하여야 하는 것을 모두 고른 것은? [제거형]**

㉠ 광역도시계획　　　㉡ 도시·군관리계획　　　㉢ 도시·군기본계획　　　㉣ 지구단위계획

① ㉠, ㉡　　　② ㉠, ㉢　　　③ ㉡, ㉢　　　④ ㉡, ㉣　　　⑤ ㉢, ㉣
> **해설** ② ㉠, ㉢ 광역도시계획 및 도시·군기본계획은 반드시 공청회를 개최하여야 한다.

예제5 도시개발법상 국토교통부장관, 시·도지사 또는 대도시 시장이 도시개발구역을 지정하려는 면적이 200만m² 이상인 경우에는 공람기간의 끝난 후에 공청회를 개최하여야 한다. [　]
> **해설** 200만m² 이상 (×) → 100만m² 이상

예제6 도시 및 주거환경정비법령상 정비계획 수립하는 경우에는 공청회를 개최하고 30일 이상 주민에게 공람하여야 한다. [　]
> **해설** 공청회를 개최(×) → 정비계획의 입안권자는 정비계획을 입안하거나 변경하려면 주민에게 서면으로 통보한 후 주민설명회 및 30일 이상 주민에게 공람[세입자 포함]하여야 한다.(○)

예제7 도시 및 주거환경정비법령상 조합은 시공자 선정을 위한 입찰에 참가하는 건설업자 또는 등록사업자가 토지등소유자에게 시공에 관한 정보를 제공할 수 있도록 합동설명회를 2회 이상 개최하여야 한다. [　]　　　　　　　　　　　　　**해설** (○)

10. 부동산 공법상 타당성[재검토] 검토 → [도시·군기본계획, 도시·군관리계획, 성장관리계획, 정비기본방침, 정비기본계획, 리모델링기본계획] 5년마다 재검토한다.

단, 투기과열지구, 조정대상지역의 반기마다 재검토한다.

광역도시계획은 재검토 규정이 없다.

예제 1　국토계획법상 광역도시계획은 5년마다 타당성을 검토하여야 한다. [　]

해설 (×) → 광역도시계획은 재검토가 없다.

예제 2　국토계획법상 시장 또는 군수는 10년마다 관할구역의 도시·군기본계획에 대하여 타당성 여부를 전반적으로 재검토하여 정비하여야 한다. [　]

해설 (×) → 도시·군기본계획은 5년마다 재검토(○)

예제 3　주택법상 국토교통부장관은 1년마다 주거정책심의위원회의 회의를 소집하여 투기과열지구로 지정된 지역별로 투기과열지구의 유지 여부를 재검토하여야 한다. [　]

해설 (×) → 투기과열지구는 반기마다 재검토(○)

예제 4　**도시 및 주거환경정비법령상 도시·주거환경정비기본계획**(이하 '기본계획'이라 함)**의 수립에 관한 설명으로 틀린 것은?**

① 도지사가 기본계획을 수립할 필요가 없다고 인정하는 대도시가 아닌 시는 기본계획을 수립하지 아니할 수 있다.

② 기본계획의 수립권자는 기본계획을 수립하거나 변경하려는 경우에는 14일 이상 주민에게 공람하여 의견을 들어야 하며, 제시된 의견이 타당하다고 인정되면 이를 기본계획에 반영하여야 한다.

③ 대도시의 시장이 아닌 시장이 기본계획을 수립한 때에는 도지사의 승인을 받아야 한다.

④ 기본계획을 수립한 때에는 지체 없이 해당 지방자치단체의 공보에 고시하여야 한다.

⑤ 기본계획에 대하여는 3년마다 그 타당성 여부를 검토하여 그 결과를 기본계획에 반영하여야 한다.

해설 ⑤ 기본계획에 대하여는 5년마다 타당성 여부를 검토하여 그 결과를 기본계획에 반영하여야 한다.

11. 국토의 계획 및 이용에 관한 법률과 도시개발법의 기초조사

광역도시계획, 도시 · 군기본계획[토지적성평가, 재해취약성분석], 도시 · 군관리계획[토지적성평가, 재해취약성분석, 환경성검토]의 기초조사는 의무이나[~~ 조사하거나 측량하여야 한다.]

단! 도시개발법의 도시개발구역 지정 시 기초조사는 재량[~~ 조사하거나 측량할 수 있다.]

예제 1 국토계획법상 시장 또는 군수는 도시 · 군기본계획의 수립에 필요한 사항으로서 인구 · 경제 · 사회 · 문화 등에 대하여 조사하거나 측량할 수 있다. [   ]

> **해설** 조사하거나 측량할 수 있다.(×) → 조사하거나 측량하여야 한다.(○)

예제 2 도시개발법상 도시개발사업의 시행자가 도시개발구역을 지정려고 할 때에는 개발구역으로 지정될 구역의 토지, 건축물, 공작물, 주거 및 생활실태, 주택수요, 그 밖에 필요한 사항에 관하여 대통령령으로 정하는 바에 따라 조사하거나 측량하여야 한다. [   ]

> **해설** 조사하거나 측량하여야 한다.(×) → 조사하거나 측량할 수 있다.(○)

예제 3 **국토의 계획 및 이용에 관한 법령상 지구단위계획구역으로 지정하는 등의 도시 · 군관리계획을 입안하는 경우 환경성 검토를 하여야 하는 경우는?**

① 해당 도시 · 군계획시설의 결정을 해제하려는 경우

② 해당 지구단위계획구역 안의 나대지면적이 구역면적의 2%에 미달하는 경우이거나 해당 지구단위계획구역의 지정목적이 당해 구역을 정비하고자 하는 경우로서 지구단위계획의 내용에 너비 12m 이상 도로의 설치계획이 없는 경우

③ 주거지역 · 상업지역 · 공업지역에 도시 · 군관리계획을 입안하는 경우

④ 해당 도시 · 군계획시설부지가 다른 법률에 따라 지역 · 지구 · 구역 등으로 지정되거나 개발계획이 수립된 경우

⑤ 해당 지구단위계획구역이 도심지(상업지역과 상업지역에 연접한 지역)에 위치하는 경우

> **해설** ③ 주거지역 · 상업지역 · 공업지역에 도시 · 군관리계획을 입안하는 경우에는 토지적성평가는 생략할 수 있으나 환경성 검토는 실시하여야 한다.
> 토지적성평가만 실시하지 아니할 수 있는 경우
>
> | |
> | --- |
> | 1. 도시 · 군관리계획 입안일부터 5년 이내 토지적성평가를 실시한 경우 |
> | 2. 주거 · 상업지역 · 공업지역에 도시 · 군관리계획을 입안하는 경우 |
> | 3. 개발제한구역에서 조정 또는 해제된 지역에 대하여 도시 · 군관리계획을 입안하는 경우, 개발제한구역에 기반시설을 설치하는 경우 |
> | 4. 도시개발법에 따른 도시개발사업의 경우 |

12. 부동산 공법상 기득권 보호(이미 + 착수)

→ 원칙 : 무신고 [신고, 허가 없이 도시 · 군관리계획 결정에 관계 없이 계속 공사]

→ 예외 : 신고하고 계속 공사   → 수산자원보호구역 : 3개월 이내 신고
          [수시개정]   → 시가화조정구역 :   3개월 이내 신고
                              → 도시개발구역 : 30일 이내 신고
                              → 정비구역 :   30일 이내 신고

예제 1 국토계획법상 도시 · 군관리계획 결정 당시 이미 사업이나 공사에 착수한 자는 그 도 시 · 군관리계획 결정에 관계 없이 그 사업이나 공사를 계속할 수 있다. [   ]   **해설** (O)

예제 2 국토계획법상 이 법 또는 다른 법률에 따라 허가 · 인가 · 승인 등을 받아야 하는 경우 에는 그 허가 · 인가 · 승인 등을 받은 자는 그 도시 · 군관리계획 결정에 관계 없이 그 사업이나 공사를 계속할 수 있다. [   ]

해설 허가 · 인가 · 승인 등을 받은 자는(×) → 허가 · 인가 · 승인 등을 받아 사업이나 공사에 착수한 자는(○)

예제 3 국토계획법상 수산자원보호구역의 지정에 관한 도시 · 군관리계획 결정 당시 이미 사 업에 착수한 자는 도시 · 군관리계획의 결정에 관계없이 그 사업을 계속할 수 있다. [   ]

해설 도시 · 군관리계획결정에 관계없이(×) → 3개월 이내 신고하고 (○)

예제 4 도시개발법상 허가를 받아야 하는 행위로서 도시개발구역의 지정 · 고시 당시 이미 관 계법령에 의하여 허가를 받았거나 허가를 받을 필요가 없는 행위에 관하여 그 공사 또 는 사업에 착수한 자는 3개월 이내에 신고한 후 이를 계속 시행할 수 있다. [   ]

해설 3개월 이내(×) → 30일 이내(○)

예제 5 주택법상 등록말소 또는 영업정지 처분을 받은 등록사업자는 그 처분 전에 사업계획승 인을 받은 사업은 계속 수행할 수 있다. [   ]   **해설** (O)

예제 6 **국토의 계획 및 이용에 관한 법령상 도시 · 군관리계획 등에 관한 설명으로 틀린 것은?**

① 입안권자가 용도지역 · 용도지구 또는 용도구역의 지정에 관한 도시 · 군관리계획을 입안하려면 해당 지방의회의 의견을 들어야 한다.

② 도시자연공원구역은 시 · 도지사, 대도시 시장이 도시 · 군관리계획으로 결정할 수 있다.

③ 시장 또는 군수는 5년마다 관할구역의 도시 · 군관리계획에 대하여 그 타당성 여부 를 전반적으로 재검토하여 정비하여야 한다.

④ 시가화조정구역의 지정에 관한 도시 · 군관리계획 결정 당시 이미 사업에 착수한 자 는 해당 도시 · 군관리계획결정에 관계 없이 그 사업을 계속할 수 있다.

⑤ 도시지역의 축소에 따른 용도지역의 변경을 내용으로 하는 도시 · 군관리계획을 입 안하는 경우에는 주민의 의견청취를 생략할 수 있다.

해설 ④ 도시 · 군관리계획결정의 고시일부터 3개월 이내에 신고하고 그 사업을 계속할 수 있다.

13. 부동산 공법상 제안시 반영여부 통보

▶ 공법상 제안시 동의는 모두 2/3 이상 동의 단, 입체복합구역, 기반시설만 4/5 이상 동의
▶ 국토계획법 → 45일 + 30일　　　　　　　　　　　　　　[국·공유지는 제외]
▶ 도시개발법 → 1개월 + 1개월
▶ 도시정비법 → 60일 + 30일
▶ 건축법 → 특별건축구역의 지정여부 결정 : 45일 → 14일 이내 그 결과를 통보
▶ 도시개발법 → 면적의 2/3 이상의 토지소유자와 총수의 1/2 이상의 동의만 국공유지 포함
　나머지는 국·공유지 제외
▶ 도시개발법상 지정권자는 도시개발사업을 환지방식으로 시행하려는 경우 개발계획을 수립하는 때에는 환지방식이 적용되는 지역의 토지면적의 2/3 이상에 해당하는 토지소유자와 그 지역의 토지소유자 총수의 1/2 이상의 동의를 받아야 한다.
▶ 도시개발법상 조합설립인가를 신청하는 때에는 토지소유자 7명 이상이 정관을 작성하여 토지면적의 2/3 이상에 해당하는 토지소유자와 그 구역의 토지소유자 총수의 1/2 이상의 동의를 받아 지정권자의 인가를 받아야 한다. 여기의 토지소유자에는 지상권자가 포함된다. 다만, 주된 사무소 소재지 변경, 공고방법 변경은 신고하여야 한다.
▶ 도시개발법상 도시개발구역의 토지면적을 산정하는 경우 : 국공유지를 포함하여 산정할 것
▶ 도시개발법상 사유토지 우선적 동의 : 국공유지를 제외한 전체 사유 토지면적 및 토지 소유자에 대하여 동의 요건 이상으로 동의를 받은 후에 그 토지면적 및 토지 소유자의 수가 법적 동의 요건에 미달하게 된 경우에는 국공유지 관리청의 동의를 받아야 한다.

예제1 도시개발법령상 조합설립의 인가를 신청하려면 국공유지를 제외한 해당 도시개발구역의 토지면적의 3분의 2 이상에 해당하는 토지소유자 또는 그 구역의 토지소유자 총수의 2분의 1 이상의 동의를 받아야 한다. [　]
해설 국공유지를 제외(×), 또는(×) → 국공유지를 포함(○), 와(○)

예제2 국토계획법상 도시·군관리계획의 입안을 제안 받은 입안권자는 부득이한 사정이 있는 경우를 제외하고는 제안일부터 60일 이내에 반영 여부를 제안자에게 통보하여야 한다. [　]
해설 60일(×) → 45일(○)

예제3 국토계획법상 기반시설의 설치에 관한 도시·군관리계획의 입안을 제안하려는 자는 국·공유지는 제외한 토지 면적의 3분의 2 이상 토지소유자의 동의를 받아야 한다. [　]
해설 2/3(×) → 4/5(○)

예제4 국토계획법상 주민(이해관계자를 포함한다)은 도시혁신구역 지정을 위하여 공간재구조화계획 입안권자에게 국·공유지는 제외한 토지 면적의 3분의 2 이상 토지소유자의 동의를 받아 공간재구조화계획의 입안을 제안할 수 있다. [　]　　해설 (○)

예제5 국토계획법상 공간재구조화계획의 입안을 제안받은 공간재구조화계획 입안권자는 국유재산·공유재산이 공간재구조화계획으로 지정된 용도구역 내에 포함된 경우에는 제안자 외의 제3자에 의한 제안도 할 수 있다. [　]　　해설 (○)

예제6　도시개발법상 조합이 도시개발구역의 지정을 제안할 때에는 면적의 2/3 이상의 토지소유자의 동의를 받아야 한다. [　]

　　해설 (×)→ 국가, 지자체, 조합을 제외한 시행자가 될 수 있는 자가 제안할 수 있다. 즉 조합은 제안할 수 없다.

예제7　도시정비법상 토지등소유자(조합이 설립된 경우에는 조합원을 말한다)가 2/3 이상의 동의로 정비계획의 변경을 요청하는 경우 정비계획의 입안권자에게 정비계획의 입안을 제안할 수 있다. [　]　　　　　　　　　　　　　　　　　해설 (○)

예제8　건축법의 특별건축구역 지정을 시·도지사에게 제안하기 전에 대상 토지 면적(국유지·공유지의 면적은 제외)의 5분의 4 이상에 해당하는 토지소유자의 서면 동의를 받아야 한다. [　]

　　　　　　　　　　　　　　　　　　　　　　　　해설 4/5(×) → 2/3(○)

예제9　**국토의 계획 및 이용에 관한 법령상 주민**(이해관계자를 포함)**이 도시·군관리계획을 입안할 수 있는 자에게 입안을 제안할 수 있는 내용으로 틀린 것은?**

① 용도지구 중 해당 용도지구에 따른 건축물이나 그 밖의 시설의 용도·종류 및 규모 등의 제한을 지구단위계획으로 대체하기 위한 용도지구의 지정 및 변경에 관한 사항 : 토지 면적의 3분의 2 이상(국·공유지는 제외한다) 동의

② 산업·유통개발진흥지구의 지정 및 변경에 관한 사항 : 토지 면적의 3분의 2 이상(국·공유지는 제외한다)동의

③ 기반시설의 설치·정비 또는 개량에 관한 사항 : 토지 면적의 5분의 4 이상(국·공유지는 제외한다)동의

④ 지구단위계획의 수립 및 변경에 관한 사항 : 토지 면적의 3분의 2 이상(국·공유지는 제외한다) 동의

⑤ 도시·군계획시설입체복합구역의 지정 및 변경과 도시·군계획시설입체복합구역의 건축제한·건폐율·용적률·높이 등에 관한 사항(국·공유지를 제외한 대상 토지 면적의 2/3 이상 동의)

　　　　　　　　　　　　　　　　　　　　　해설 ⑤ 2/3(×) → 4/5(○)

14. 부동산 공법상 열람·공람 : 열람·공람기간 내 의견서 제출 → 타당하면 → 반영하여야 한다.

① 14일 이상 : 일반적 공람·열람기간

② 30일 이상 : 광역도시계획, 도시·군기본계획, 정비계획 수립, 관리처분계획 인가시

　　☞ 광역도시계획과 도시·군기본계획은 날짜 나오면 모두 30일이나, 공청회만 14일 전이다.

③ 열람기간 제한 없다. : 도시·군관리계획을 결정고시 후 열람시

▶ 지방의회 의견청취[동의×, 승인×]시 일반적으로 30일 이내에 의견을 제시하여야 한다.

▶ 성장관리계획 수립시, 도시 및 주거환경정비법만 60일 이내에 지방의회 의견을 제시

예제1 국토계획법상 광역도시계획을 수립한 때에는 공고하여 관계서류를 14일 이상 일반이 열람할 수 있게 하여야 한다. [　] **해설** 14일(×) → 30일(○)

예제2 국토계획법상 도시·군계획시설사업의 실시계획을 인가하려면 미리 공고하고, 관계 서류의 사본을 20일 이상 일반이 열람하여야 한다. [　] **해설** 20일(×) → 14일(○)

예제3 도시정비법상 정비계획에 대한 14일 이상 주민공람대상에서 세입자는 포함한다. [　] **해설** 14일(×) → 30일(○)　　▶정비계획은 30일 이상 주민공람/ 정비기본계획은 14일 이상 주민공람

예제4 주택법령상 리모델링 기본계획을 수립하거나 변경하려면 30일 이상 주민에게 공람하고, 지방의회의 의견을 들어야 한다. 지방의회는 의견제시를 요청받은 날부터 60일 이내에 의견을 제시하여야 하며, 60일 이내에 의견을 제시하지 아니하는 경우에는 이의가 없는 것으로 본다. [　] **해설** 30일(×) → 14일(○), 60일(×) → 30일(○), 60일(×) → 30일(○)

예제5 국토계획법상 특별시장·광역시장·특별자치시장·특별자치도지사·시장 또는 군수는 도시·군관리계획의 입안에 관하여 주민의 의견을 청취하려면 2 이상의 일간신문과 인터넷 홈페이지 등에 공고하고 30일 이상 일반이 열람할 수 있도록 하여야 한다. [　] **해설** 30일(×) → 14일(○)

예제6 국토계획법상 국토교통부장관, 시·도지사, 시장·군수는 도시·군관리계획을 결정하면 고시하고, 국토교통부장관 또는 도지사는 관계 서류를 관계 특별시장·광역시장·특별자치도지사·특별자치시장·시장 또는 군수에게 송부하여 일반이 30일 이상 열람할 수 있도록 하여야 한다. [　] **해설** 30일(×) → 열람기간의 제한이 없다.

15. 부동산 공법상 행정대집행 set : 위반시[허가 없이 개발, 허가내용과 다르게 개발] → 원상회복을 命할 수 있다. → 불이행시 → 행정대집행 → 비용징수

예제1 국토계획법상 개발행위허가권자는 허가내용과 다르게 형질변경을 한 자에게 그 토지의 원상회복을 명할 수 없다. [　] **해설** 없다.(×) → 있다.(○)

예제2 국토계획법상 도시·군계획시설사업 실시계획 인가 내용과 다르게 도시·군계획시설사업을 하여 토지의 원상회복 명령을 받은 자가 원상회복을 하지 아니하면 행정대집행법에 따른 행정대집행에 따라 원상회복을 할 수 없다. [　] **해설** 없다.(×) → 있다.(○)

예제3 건축법상 안전관리예치금은 반환하여야 하므로 이를 사용하여 행정대집행을 할 수 없다. [　] **해설** 없다.(×) → 있다.(○)

16. 부동산 공법은 "추정한다"라는 표현이 안 나온다.

예제 1 주택법령상 토지소유자가 등록사업자와 공동으로 주택건설사업을 시행하는 경우 토지
소유자와 등록사업자는 공동사업주체로 추정한다. [　]

　　해설 추정한다(×) → 본다.

예제 2 **주택법령상 주택건설사업의 등록사업자에 관한 설명으로 틀린 것은?**

① 사업주체가 한국토지주택공사인 경우에는 등록할 필요가 없다.

② 고용자가 그 근로자의 주택을 건설하는 경우에는 등록사업자와 공동으로 사업을 시
행하여야 한다.

③ 토지소유자가 등록사업자와 공동으로 주택건설사업을 시행하는 경우 토지소유자와
등록사업자는 공동사업주체로 추정된다.

④ 설립된 주택조합(세대수를 증가하지 아니하는 리모델링주택조합을 제외한다)이 그
구성원의 주택을 건설하는 경우에는 등록사업자(지방자치단체 · 한국토지주택공사
및 지방공사를 포함)와 공동으로 사업을 시행할 수 있다.

⑤ 판례에 의하면 '주택건설공사를 도급받아 시공하고자 하는 자'는 주택건설사업을
시행하고자 하는 자에 해당하지 않으므로 등록의무가 없다.

　　해설 ③ 토지소유자가 등록사업자와 공동으로 주택건설사업을 시행하는 경우 토지소유자와 등록사업자는
　　공동사업주체로 본다.

17. 부동산 공법상 조건부 허가 · 인가 · 승인

기반시설의 설치 등을 할 것을 조건으로 개발행위허가 · 인가 · 승인할 수 있다.
농지를 전용하려는 자는 농지보전부담금의 전부 또는 일부를 농지전용허가 · 농지전용신고
전까지 납부하여야 한다.

예제 1 국토계획법상 개발행위허가권자는 개발행위에 따른 기반시설의 설치할 것을 조건으로
개발행위를 허가할 수 없다. [　]

　　해설 없다.(×) → 있다.(○)

예제 2 농지를 전용하려는 자는 농지보전부담금의 전부 또는 일부를 농지전용허가 전까지 납
부하거나 그 납입을 허가의 조건으로 하여야 한다. [　]

　　해설 납입을 허가의 조건으로 하여야 한다.(×) → 선납(○) 농지를 전용하려는 자는 농지보전부담금의 전부
　　또는 일부를 농지전용허가 · 농지전용신고 전까지 납부하여야 한다.

18. 부동산 공법상 소5멸시효 : 5년이나 도시개발채권의 원금은 5년, 2자는 2년이다.

예제 1 도시개발법상 도시개발채권 소멸시효는 상환일부터 기산하여 원금은 7년, 이자는 3년
으로 한다. [　] 　　　　　**해설** 원금은 7년, 이자는 3년(×) → 원금은 5년, 이자는 2년(○)

예제 2 도시개발법상 청산금을 받을 권리나 징수할 권리는 5년간 이를 행사하지 아니하는 때
에는 소멸한다. [　] 　　　　　　　　　　　　　　　　　　　　　　**해설** (○)

예제 3 도시개발법상 도시개발채권 매입필증을 제출받은 자는 매입필증을 3년간 보관하여야
한다. [　] 　　　　　　　　　　　　　　　　　　　　　　　**해설** 3년(×) → 5년(○)

예제 4 도시 및 주거환경정비법상 청산금을 지급받을 권리는 소유권 이전고시일부터 5년간 이
를 행사하지 아니하면 소멸한다. [　]
　　해설 이전고시일부터(×) → 도시정비법은 소유권 이전고시일의 다음 날부터 5년간(○)
　　　　▶ 도시개발법은 소5멸시효에는 다음날 없다.

예제 5 **도시 및 주거환경정비법령상 정비사업의 청산금에 관한 설명으로 틀린 것은?**

① 사업시행자는 정관 등에서 분할징수 및 분할지급에 대하여 정하고 있거나 총회의
의결을 거쳐 따로 정한 경우에는 관리처분계획인가 후부터 이전고시가 있는 날까지
일정기간별로 분할징수하거나 분할지급할 수 있다.

② 청산금을 지급받을 권리는 소유권이전고시일부터 5년간 이를 행사하지 아니하면
소멸한다.

③ 청산금을 지급받을 자가 받을 수 없거나 거부한 때에는 청산금을 공탁할 수 있다.

④ 정비사업시행지역 내의 건축물의 저당권자는 그 건축물의 소유자가 지급받을 청산
금에 대하여 청산금을 지급하기 전에 압류절차를 거쳐 저당권을 행사할 수 있다.

⑤ 청산금을 납부할 자가 이를 납부하지 아니하는 경우 시장·군수 등인 사업시행자는
지방세체납처분의 예에 의하여 이를 징수할 수 있다.

　　해설 ② 소유권 이전고시일부터(×) → 소유권 이전고시일의 다음 날부터 5년간(○)

19. 부동산 공법상 이의신청은 모두 30일

→ 단, 대리경작자의 지정예고에 대한 이의신청만 10일 이내

1. 대리경작기간 : 따로 정함이 없는 한 3년으로 한다.
2. 토지사용료 : 대리경작자는 수확량의 10/100을 수확 후 2개월 내에 해당 농지의 소유권
또는 임차권을 가진 자에게 토지사용료로 지급하여야 한다.

예제 1 농지법상 대리경작자의 지정예고에 대해 이의가 있는 경우에는 30일 이내에 이의신청
을 해야 한다. [　] 　　　　　　　　　　　　　　　**해설** 30일(×) → 10일(○)

20. 공법상 (미)착수 · (미)착공 → 6개월, 1년, 2년[공장은 3년], 5년

① 일반적으로 2년
- → 건축허가 후 → 2년 미착수[공장 = 3년] : 건축허가를 취소하여야 한다[필수적 취소].
  - ⓐ 미착공 : 허가를 받은 날로부터 2년(공장의 신설·증설·업종변경의 승인을 받은 공장은 3년) 이내에 공사에 착수하지 아니한 경우 허가를 취소하여야 한다. 다만, 정당한 사유가 있는 경우에는 1년 범위에서 연장할 수 있다.
  - ⓑ 공사완료불가 : 허가를 받은 날로부터 착공기간 이내에 공사에 착수하였으나 공사완료가 불가능하다고 인정되는 경우 허가를 취소하여야 한다.
  - ⓒ 경매 또는 공매로 소유권 상실 : 착공신고 전에 경매 또는 공매 등으로 건축주가 대지의 소유권을 상실한 때부터 6개월이 경과한 이후 공사의 착수가 불가능하다고 판단되는 경우 허가를 취소하여야 한다.
- → 도시개발법의 시행자 변경[1,2,뻔,뻔]

  1년 이내 인가신청×, → 2년 미착수 → 뻔(부도, 파산) → 뻔(지정, 인가의 취소)
- → 주택법의 국공유지 우선매각·임대시 2년 미착수 → 환매, 임대계약을 취소할 수 있다.
- → 농지법의 농지전용허가나 농지전용신고 후 2년 미착수 → 농지법의 농지처분사유이고 농지전용허가를 취소할 수 있다.

② 건축법 : 건축신고 후 → 1년 미착수 → 신고의 효력이 없어진다.

　특별건축구역지정 후 → 5년 미착수 → 특별건축구역을 해제할 수 있다.

③ 미착수시 실효 : 주민이 입안을 제안한 지구단위계획에 관한 도시·군관리계획결정의 고시일부터 5년 이내에 이 법 또는 다른 법률에 따라 허가·인가·승인 등을 받아 사업이나 공사에 착수하지 아니하면 그 5년이 된 날의 다음 날에 지구단위계획에 관한 도시·군관리계획결정은 효력을 잃는다.
- → 미수립시 실효 : 지구단위계획구역의 지정에 관한 도시·군관리계획결정의 고시일부터 3년 이내에 지구단위계획이 결정 고시되지 아니하는 경우에는 3년이 되는 날의 다음날에 지구단위계획구역의 지정에 관한 도시·군관리계획결정은 그 효력을 잃는다.

④ 주택법의 사업계획승인(최초 공구)일로부터 → 5년 미착수 → 취소할 수 있다.

　최초공구 외의 공구(2년) : 착공신고일로부터 2년 미착수 → 취소할 수 없다.

예제 1 **도시개발법령상 도시개발사업 시행자를 변경할 수 있는 경우가 아닌 것은?**

① 시행자가 도시개발사업에 관한 실시계획의 인가를 받은 후 2년 이내에 사업을 착수하지 아니한 경우

② 행정처분으로 시행자의 지정이 취소된 경우

③ 도시개발구역의 전부를 환지방식으로 시행하는 시행자가 도시개발구역 지정의 고시일로부터 6개월 이내에 실시계획 인가를 신청하지 아니한 경우

④ 시행자의 부도·파산으로 도시개발사업의 목적을 달성하기 어렵다고 인정되는 경우

⑤ 행정처분으로 실시계획의 인가가 취소된 경우

해설 ③ 도시개발구역 지정의 고시일로부터 1년 내에 개발사업에 관한 실시계획의 인가를 신청하지 아니하는 경우(다만, 6개월의 범위에서 연장)에는 시행자 변경사유에 해당한다.

예제2 건축법상 허가권자는 건축허가를 받은 자가 허가를 받은 날부터 1년 이내에 공사를 착수하지 아니하는 경우에는 허가를 취소하여야 한다. [ ]   **해설** 1년(×) → 2년(○)

예제3 건축법령상 건축허가를 취소하여야 하는 경우를 모두 고른 것은?

> ㉠ 허가를 받은 날로부터 2년(공장의 신설·증설·업종변경의 승인을 받은 공장은 3년) 이내에 공사에 착수하지 아니한 경우
>
> ㉡ 허가를 받은 날부터 착공기간 이내 공사에 착수하였으나 공사의 완료가 불가능하다고 인정되는 경우
>
> ㉢ 착공신고 전에 경매 또는 공매 등으로 건축주가 대지의 소유권을 상실한 때부터 6개월이 경과한 이후 공사의 착수가 불가능하다고 판단되는 경우
>
> ㉣ 이 법 또는 이 법의 규정에 따른 명령이나 처분에 위반한 경우
>
> ㉤ 신고를 한 자가 신고일부터 1년 이내에 공사에 착수하지 아니한 경우

① ㉠, ㉡   ② ㉠, ㉡, ㉢   ③ ㉢, ㉣, ㉤

④ ㉡, ㉢, ㉣, ㉤   ⑤ ㉠, ㉡, ㉢, ㉣, ㉤

해설 ②

㉣ 이 법 또는 이 법의 규정에 따른 명령이나 처분에 위반한 경우에는 건축허가를 취소할 수 있다.

㉤ 신고를 한 자가 신고일부터 1년 이내에 공사에 착수하지 아니한 경우에는 신고의 효력이 없어진다.

예제4 주택법상 국공유지를 임차한 자가 임차일부터 1년 이내에 국민주택규모의 주택을 건설하기 위한 대지조성사업을 시행하지 아니한 경우 국가 또는 지방자치단체는 임대계약을 취소할 수 있다. [ ]   **해설** 1년(×) → 2년(○)

예제5 국토계획법상 주민이 입안을 제안한 지구단위계획에 관한 도시·군관리계획결정의 고시일부터 3년 이내에 이 법 또는 다른 법률에 따라 허가·인가·승인 등을 받아 사업이나 공사에 착수하지 아니하면 그 3년이 된 날의 다음 날에 지구단위계획에 관한 도시·군관리계획결정은 효력을 잃는다. [ ]   **해설** 3년(×) → 5년(○) / 3년(×) → 5년(○)

예제6 주택법상 사업계획승인권자는 사업주체가 사업계획승인을 받은 날부터 3년 내 공사에 착수하지 아니하는 경우에는 사업계획의 승인을 취소할 수 있다. [ ]   **해설** 3년(×) → 5년(○)

예제7 주택법상 최초로 공사를 진행하는 공구 외의 공구는 해당 주택단지에 대한 최초 착공신고일부터 2년 이내에 공사에 착수하지 아니하는 경우에는 사업계획의 승인을 취소할 수 있다. [ ]   **해설** 있다.(×) → 없다.(○)

주의 주택법의 취소는 모두 다 ~~취소할 수 있다.
다만, 주택공급질서교란행위시 계약은 취소하여야 한다.

예제 8 사업주체 甲은 사업계획승인권자 乙로부터 주택건설사업을 분할하여 시행하는 것을 내용으로 사업계획승인을 받았다. 주택법령상 이에 관한 설명으로 틀린 것은?

① 乙은 사업계획승인에 관한 사항을 고시하여야 한다.

② 甲은 최초로 공사를 진행하는 공구 외의 공구에서 해당 주택단지에 대한 최초 착공 신고일부터 2년 이내에 공사를 시작하여야 한다.

③ 甲이 소송 진행으로 인하여 공사착수가 지연되어 연장신청을 한 경우, 乙은 그 분쟁이 종료된 날부터 2년의 범위에서 공사 착수기간을 연장할 수 있다.

④ 주택분양보증을 받지 않은 甲이 파산하여 공사 완료가 불가능한 경우, 乙은 사업계획승인을 취소할 수 있다.

⑤ 甲이 최초로 공사를 진행하는 공구 외의 공구에서 해당 주택단지에 대한 최초 착공 신고일부터 2년이 지났음에도 甲이 공사를 시작하지 아니한 경우 乙은 사업계획승인을 취소할 수 없다.

해설 ③ 甲이 소송 진행으로 인하여 공사착수가 지연되어 연장신청을 한 경우, 乙은 그 분쟁이 종료된 날부터 1년의 범위에서 공사 착수기간을 연장할 수 있다.

21. 부동산 공법상 가격 : 공시지가 · 시가 · 감정가격

① 시가 : 매도청구

ㄱ 건축법 : 건축허가를 받은 건축주는 해당 건축물 또는 대지의 공유자 중 신축 등에 동의(공유자 수의 100분의 80 이상의 동의를 얻고 동의한 공유자의 지분 합계가 전체 지분의 100분의 80 이상인 경우)하지 아니한 공유자에게 공유지분을 시가로 매도할 것을 청구할 수 있다.

ㄴ 주택법 : 지구단위계획의 결정이 필요한 주택건설사업의 해당 대지면적의 80% 이상을 사용할 수 있는 권원을 확보하고, 확보하지 못한 대지가 매도청구 대상이 되는 대지에 해당하는 경우에는 주택건설대지의 소유권을 확보하지 아니하여도 주택건설사업계획의 승인을 받는다. → 주택건설대지 중 사용할 수 있는 권원을 확보하지 못한 대지의 소유자에게 그 대지를 시가에 따라 매도할 것을 청구할 수 있다.

ㄷ 주택법 : 주택의 사용검사 후 주택단지 내 일부의 토지의 소유권을 회복한 자에게 주택소유자들이 매도청구(시가)를 하려면 토지 면적이 주택단지 전체 대지면적의 100분의 5 미만이어야 한다.

② 공시지가 : 농지법의 농지 소유자는 **처분명령**을 받은 때에는 한국농어촌공사에게 매수청구 시 → 매수가격 → 공시지가 → 낮은 실거래가 있으면 낮은 금액으로 매수할 수 있다.

③ **나머지 : 감정가격 + ~~**

ⓐ 도시개발법 : 수용·사용방식의 가격평가 → 감정가격, 예외 → 학교, 폐기물처리시설, 공공청사, 임대주택, 공장용지, 시장 등은 감정가격 이하로 정할 수 있다.(좋은 일 = 선행상) 다만, 공공시행자에게 임대주택 건설용지를 공급하는 경우에는 해당 토지의 가격을 감정평가한 가격 이하로 정하여야 한다.

　환지방식의 가격평가 → 감정가격 + 토지평가협의회의 심의(환심)

　원형지 공급가격 → 감정가격 + 기반시설 공사비 + 협의(3자 조건 3개)

ⓑ 주택법 : 체비지의 양도가격 : 원칙 → 감정가격, 예외 → 조성원가

ⓒ 농지법 : 농업진흥지역의 농지를 소유하고 있는 농업인 또는 농업법인이 한국농어촌공사에게 매수청구시 매수가격 → 감정가격으로 매수할 수 있다.

ⓓ 도시 및 주거환경정비법 : 재개발사업 또는 주거환경개선사업의 재산 또는 권리를 평가방법 : 감정평가법인 등 중 시장·군수 등이 선정·계약한 감정평가법인 등 2인 이상이 평가한 금액을 산술평균하여 산정한다.

　재건축사업의 재산 또는 권리를 평가 방법 : 시장·군수 등이 선정·계약한 1인 이상의 감정평가법인 등과 조합총회의 의결로 정하여 선정·계약한 1인 이상의 감정평가법인 등이 평가한 금액을 산술평균하여 산정한다.

ⓔ 국토계획법 : 10년 미집행 도시·군계획 시설부지의 매수청구시 → 매수가격, 매수절차는 공익사업을 위한 토지 등의 취득 및 보상에 관한 법률을 준용한다.

예제1 농지법상 농지의 소유자는 처분명령을 받은 후 한국농어촌공사는 매수청구를 받으면 감정가격를 기준으로 그 농지를 매수할 수 있고, 인근 지역의 실제거래가격이 감정가격보다 낮으면 실제거래가격을 기준으로 매수할 수 있다. [　]

　해설 감정가격(×) → 공시지가(○)

예제2 농지법상 농업진흥지역의 농지를 소유하고 있는 농업인 또는 농업법인에게 매수청구를 받으면 한국농어촌공사는 공시지가를 기준으로 해당 농지를 매수할 수 있다. [　]

　해설 공시지가(×) → 감정평가법인등이 평가한 금액을 기준으로 매수할 수 있다.(○)

예제3 **국토계획법령상 매수의무자인 지방자치단체가 매수청구를 받은 장기미집행 도시·군계획시설 부지 중 지목이 대(垈)인 토지를 매수할 때에 관한 설명으로 틀린 것은?**

① 토지소유자가 원하는 경우 매수의무자는 도시·군계획시설채권을 발행하여 그 대금을 지급할 수 있다.

② 매수청구를 받은 토지가 비업무용 토지인 경우 그 대금이 3,000만원을 초과하는 경우에 그 초과분에 대하여 도시·군계획시설채권을 발행하여 지급할 수 있다.

③ 매수의무자는 매수청구를 받은 날부터 6개월 이내에 매수 여부를 결정하여 토지소유자에게 알려야 한다.

④ 도시·군계획시설채권의 상환기간은 10년 이내로 한다.

⑤ 매수청구된 토지의 매수가격은 공시지가로 한다.

　 해설 ⑤

해설 ⑤ 매수청구된 토지의 매수가격 및 매수절차는 이 법에 특별한 규정이 있는 경우를 제외하고는 공익사업을 위한 토지 등의 취득 및 보상에 관한 법률을 준용한다.

예제4 주택법상 체비지 양도가격은 원칙적으로 조성원가로 하되, 예외적으로 감정평가법인 등이 평가한 감정가격을 기준으로 한다. [ ]

해설 (×) → 감정평가법인 등이 평가한 감정가격을 기준으로 하되, 예외적으로 조성원가로 한다.(○)

예제5 주택법령상 주택건설사업계획의 승인을 받은 사업주체에게 인정되는 매도청구권에 관한 설명으로 틀린 것은?

① 매도청구권은 국민주택 규모를 초과하는 주택의 주택건설사업에 대해서도 인정된다.

② 주택건설대지 중 사용권원을 확보하지 못한 대지는 물론 건축물에 대해서도 매도청구권이 인정된다.

③ 주택건설대지면적 중 95% 이상에 대해 사용권원을 확보한 경우에는 사용권원을 확보하지 못한 대지의 모든 소유자에게 매도청구할 수 있다.

④ 사업주체는 매도청구대상 대지의 소유자에게 그 대지를 공시지가로 매도할 것을 청구할 수 있다.

⑤ 매도청구를 하기 위해서는 매도청구대상 대지의 소유자와 3개월 이상 협의를 하여야 한다.

해설 ④ 공시지가(×) → 시가(○)

예제6 도시개발법령상 시행자는 환지방식이 적용되는 도시개발구역에 있는 조성토지 등의 가격은 개별공시지가로 한다. [ ]

해설 시행자는 환지방식이 적용되는 개발구역에 있는 조성토지 가격을 평가하고자 할 때에는 토지평가협의회의 심의를 거쳐 결정하되, 그에 앞서 감정평가법인 등으로 하여금 평가하게 하여야 한다.

예제7 도시개발법령상 원형지의 공급과 개발에 관한 설명으로 틀린 것은?

① 원형지를 공장 부지로 직접 사용하는 자는 원형지개발자가 될 수 있다.

② 원형지는 도시개발구역 전체 토지 면적의 3분의 1 이내의 면적으로만 공급될 수 있다.

③ 원형지 공급 승인신청서에는 원형지 사용조건에 관한 서류가 첨부되어야 한다.

④ 원형지 공급가격은 개발계획이 반영된 원형지의 감정가격으로 한다.

⑤ 지방자치단체가 원형지개발자인 경우 원형지 공사완료공고일부터 5년이 경과하기 전에도 원형지를 매각할 수 있다.

해설 ④ 원형지 공급가격은 개발계획이 반영된 원형지의 감정가격에 시행자가 원형지에 설치한 기반시설 등의 공사비를 더한 금액을 기준으로 시행자와 원형지개발자가 협의하여 결정한다.

22. 부동산 공법상 변경은 새로운 행위로 본다.

기본절차가 허가면 → 변경도 허가, 기본절차가 인가면 → 변경도 인가

경미한 변경은 기본절차를 따르지 않는다(허가×, 인가×)　　주의 경미한 변경 → 단축, 축소

축소와 확대가 한 문장에 쓰이면 무조건 틀린 문장, 두 단어는 조화가 되지 않는 단어이다.

예제1 **도시 및 주거환경정비법령상 정비구역에서의 행위제한에 관한 설명으로 틀린 것은?**

① 이동이 용이하지 아니한 물건을 1개월 이상 쌓아놓는 행위는 시장·군수 등의 허가를 받아야 한다.

② 허가권자의 행위허가를 하고자 하는 경우로서 시행자가 있는 경우에는 미리 그 시행자의 의견을 들어야 한다.

③ 허가받은 사항을 변경하고자 하는 때에는 시장·군수 등에게 신고하여야 한다.

④ 허가를 받아야 하는 행위로서 정비구역의 지정·고시 당시 이미 관계 법령에 따라 행위허가를 받아 공사에 착수한 자는 정비구역이 지정·고시된 날부터 30일 이내에 시장·군수 등에게 신고한 후 이를 계속 시행할 수 있다.

⑤ 정비구역에서 허가를 받은 행위는 국토의 계획 및 이용에 관한 법률에 따른 개발행위허가를 받은 것으로 본다.

해설 ③ 허가받은 사항을 변경하고자 하는 때에도 또한 같다. 즉, 허가를 받아야 한다.

예제2 국토계획법상 도시지역의 확대에 따른 용도지역변경을 내용으로 하는 도시·군관리계획을 입안하는 경우에는 주민의견청취를 생략할 수 있다. [ ]　　해설 확대(×) → 축소(○)

예제3 국토계획법상 개발행위허가를 받은 부지면적 또는 건축물 연면적을 5% 범위 안에서 축소하거나 확대하는 경우에는 별도의 변경허가를 받을 필요가 없다. [ ]

해설 확대(×) → 축소(○)　확대하는 경우에는 변경허가를 받아야 한다.

예제4 도시정비법상 정비기반시설의 규모를 확대, 건폐율 및 용적률의 20% 미만의 기본계획의 변경인 경우에는 주민공람과 지방의회 의견청취, 도지사의 승인 절차를 생략할 수 없다. [ ]

해설 없다.(×) → 생략할 수 있다. (○)

예제5 도시정비법상 인가받은 사업시행계획 중 건축물이 아닌 부대·복리시설의 설치규모를 확대하는 때에는 [① 변경인가, ② 변경신고], 부대·복리시설의 위치를 변경하고자 하는 경우에는 [① 변경인가, ② 변경신고]를 받아야 한다.　　해설 ② / ①

23. 부동산 공법상 ~~완료 나오면 환원을 쓰면 안 된다. [완료와 환원은 안 친해]
[도시개발구역 해제 문제 푸는 요령]

① 다음날을 찾는다.(다음날 해제 의제)
② 개발계획 미수립 : 2년 되는 날 다음날
③ 실시계획 미 인가신청 : 3년 되는 날 다음날
④ 선 도시개발구역, 후 개발계획 : 330만m² 이상 → 5년 되는 날 다음날
⑤ 공사완료로 해제 의제(환원과 안친해) : 도시지역과 지구단위계획구역으로 존속

예제 1 도시개발법령상 도시개발구역지정의 해제에 관한 사항 중 옳은 것은?

① 도시개발사업의 공사완료 공고일에 해제된 것으로 본다.
② 환지방식에 의한 사업인 경우에는 그 환지처분의 공고일에 해제된 것으로 본다.
③ 도시개발구역이 지정·고시된 날부터 2년이 되는 날까지 실시계획의 인가를 신청하지 아니하는 경우에는 그 2년이 되는 날의 다음 날에 해제된 것으로 본다.
④ 도시개발구역을 지정·고시한 날부터 2년이 되는 날까지 개발계획을 수립·고시하지 아니하는 경우에는 도시개발구역의 지정이 해제된 것으로 본다.
⑤ 도시개발사업의 공사 완료로 도시개발구역의 지정이 해제의제된 경우에는 도시개발구역의 용도지역은 해당 도시개발구역 지정 전의 용도지역으로 환원된 것으로 보지 아니한다.

해설 ⑤
① 도시개발사업의 공사완료 공고일의 다음날에 해제된 것으로 본다.
② 환지방식에 의한 사업인 경우에는 그 환지처분의 공고일의 다음날에 해제된 것으로 본다.
③ 2년(×) → 3년이 되는 날의 다음 날에 해제된 것으로 본다.
④ 그 2년이 되는 날의 다음 날에 도시개발구역의 지정이 해제된 것으로 본다.

예제 2 국토의 계획 및 이용에 관한 법령상 용도지역에 관한 설명으로 틀린 것은?

① 공유수면(바다에 한함)의 매립목적이 해당 매립구역과 이웃하고 있는 용도지역의 내용과 같으면 도시·군관리계획의 입안 및 결정절차 없이 해당 매립준공구역은 그 매립의 준공인가일부터 이와 이웃하고 있는 용도지역으로 지정된 것으로 본다.
② 택지개발촉진법에 따른 택지개발지구로 지정·고시되었다가 택지개발사업의 완료로 지구 지정이 해제되면 그 지역은 지구 지정 이전의 용도지역으로 환원된 것으로 본다.
③ 관리지역에서 농지법에 따른 농업진흥지역으로 지정·고시된 지역은 국토의 계획 및 이용에 관한 법률에 따른 농림지역으로 결정·고시된 것으로 본다.
④ 용도지역을 다시 세부 용도지역으로 나누어 지정하려면 도시·군관리계획으로 결정하여야 한다.
⑤ 도시지역이 세부 용도지역으로 지정되지 아니한 경우에는 용도지역의 용적률 규정을 적용할 때에 보전녹지지역에 관한 규정을 적용한다.

해설 ② 택지개발사업의 완료로 지정이 해제되는 경우에는 구역 지정 이전의 용도지역으로 환원된 것으로 보지 않는다.

24. 부동산 공법상 기간은 일, 월, 년, ~주(×), 3주(×), 4주(×)

예제1 도시 및 주거환경정비법령상 정비구역에서의 행위 중 시장·군수 등의 허가를 받아야 하는 것을 모두 고른 것은? (단, 재해복구 또는 재난수습과 관련 없는 행위임)

> ㉠ 가설건축물의 건축
> ㉡ 죽목의 벌채
> ㉢ 공유수면의 매립
> ㉣ 이동이 용이하지 아니한 물건을 4주 이상 쌓아놓는 행위

① ㉠, ㉣   ② ㉢, ㉣   ③ ㉠, ㉡, ㉢

④ ㉡, ㉢, ㉣   ⑤ ㉠, ㉡, ㉢, ㉣

해설 ③ ㉠, ㉡, ㉢ 정비구역에서 건축물(가설건축물)의 건축, 공작물의 설치, 토지의 형질변경(공유수면의 매립), 토석의 채취, 토지분할, 죽목의 벌채 및 식재하는 행위는 시장·군수 등에게 허가를 받아야 한다 ㉣ 이동이 용이하지 아니한 물건을 1개월 이상 쌓아놓는 행위는 시장·군수 등에게 허가를 받아야 한다.

예제2 농지법령상 농지 소유자가 소유 농지를 위탁경영할 수 없는 경우는?

① 병역법에 따라 현역으로 징집된 경우

② 6개월간 미국을 여행 중인 경우

③ 선거에 따른 지방의회의원 취임으로 자경할 수 없는 경우

④ 농업법인이 청산 중인 경우

⑤ 과수를 가지치기 또는 열매솎기, 재배관리 및 수확하는 농작업에 1년 중 4주간을 직접 종사하는 경우

해설 ⑤ 과수를 가지치기 또는 열매솎기, 재배관리 및 수확하는 농작업에 1년 중 30일 이상 직접 종사하는 경우에는 소유 농지를 위탁경영할 수 있다.

위탁경영: 농지 소유자는 다음에 해당하는 경우에는 소유 농지를 위탁경영할 수 있다.

> 1. 병역법에 따라 징집 또는 소집된 경우
> 2. 3개월 이상의 국외 여행 중인 경우
> 3. 농업법인이 청산 중인 경우
> 4. 질병, 취학, 선거에 따른 공직 취임, 그 밖에 대통령령으로 정하는 다음의 사유로 자경할 수 없는 경우
>   ① 부상으로 3개월 이상의 치료가 필요한 경우
>   ② 교도소·구치소 또는 보호감호시설에 수용 중인 경우
>   ③ 임신 중이거나 분만 후 6개월 미만인 경우
> 5. 농지이용증진사업시행계획에 따라 위탁경영하는 경우
> 6. 농업인이 자기 노동력이 부족하여 농작업의 일부를 위탁하는 경우
>   ① 다음에 해당하는 재배작물의 종류별 주요 농작업의 3분의 1 이상을 자기 또는 세대원의 노동력에 의하는 경우
>   ㉠ 벼 : 이식 또는 파종, 재배관리 및 수확
>   ㉡ 과수 : 가지치기 또는 열매솎기, 재배관리 및 수확
>   ㉢ ㉠ 및 ㉡ 외의 농작물 또는 다년생식물 : 파종 또는 육묘, 이식, 재배관리 및 수확
>   ② 자기의 농업경영에 관련된 위 ①의 ㉠, ㉡, ㉢ 해당하는 농작업에 1년 중 30일 이상 직접 종사하는 경우

25. 부동산 공법상 철회 : ~~전까지 철회할 수 있다.
철회하면은 동의자 수에서 제외한다.

예제 1 주택법상 리모델링에 동의한 소유자는 입주자대표회의가 시장·군수·구청장에게 허가신청서를 제출한 이후에도 서면으로 동의를 철회할 수 있다. [ ]

> **해설** 제출한 이후에도(×) → 허가신청서를 제출하기 전까지 서면으로 동의를 철회할 수 있다. (○)

예제 2 도시개발법상 개발계획 변경시 개발계획의 변경을 요청받기 전에 동의를 철회하는 사람이 있는 경우 그 사람은 동의자 수에서 [① 포함, ② 제외]한다.

> **해설** ② 제외

예제 3 도시개발법상 조합설립인가에 동의한 자로부터 토지를 취득한 자는 조합 설립인가 신청 전에 동의를 철회할 수 없다. [ ]

> **해설** 없다.(×) → 있다.(○)

예제 4 도시개발법상 토지 소유자가 조합 설립인가 신청에 동의하였다면 이후 조합설립인가의 신청 전에 그 동의를 철회하였더라도 그 토지 소유자는 동의자 수에 포함된다. [ ]

> **해설** 포함된다.(×) → 제외한다.(○)

예제 5 도시 및 주거환경정비법상 동의를 철회 또는 반대의사의 표시는 해당 동의에 따른 인·허가 등을 신청한 후까지 할 수 있다. [ ]

> **해설** 신청한 후까지 할 수 있다.(×) → 신청하기 전까지 할 수 있다.(○)

예제 6 **주택법령상 공동주택의 리모델링에 관한 설명으로 틀린 것은?** (단, 조례는 고려하지 않음)

① 입주자·사용자 또는 관리주체가 리모델링하려고 하는 경우에는 공사기간, 공사방법 등에 적혀 있는 동의서에 입주자 전체의 동의를 받아야 한다.

② 리모델링에 동의한 소유자는 입주자대표회의가 시장·군수·구청장에게 허가신청서를 제출한 이후에도 서면으로 동의를 철회할 수 있다.

③ 수직증축형 리모델링의 대상이 되는 기존 건축물의 층수가 15층 이상인 경우에는 3개층까지 증축할 수 있다.

④ 주택단지 전체를 리모델링하려는 경우에는 주택단지 전체의 구분소유자 및 의결권의 각 2/3 이상의 결의 및 각 동의 구분소유자와 의결권의 각 과반수의 결의를 얻어야 한다.

⑤ 증축형 리모델링을 하려는 자는 시장·군수·구청장에게 안전진단을 요청하여야 한다.

> **해설** ② 리모델링에 동의한 소유자는 리모델링주택조합 또는 입주자대표회의가 시장·군수·구청장에게 허가신청서를 제출하기 전까지 서면으로 동의를 철회할 수 있다.

예제7 **도시개발법령상 조합설립인가 신청을 위한 동의에 관한 설명으로 틀린 것은?**

① 조합설립인가를 신청하려면 해당 도시개발구역의 토지면적의 3분의 2 이상에 해당하는 토지소유자와 그 구역의 토지소유자 총수의 2분의 1 이상의 동의를 받아야 한다.

② 동의자 수 산정방법에서 토지소유권을 공유하는 자가 집합건물의 소유 및 관리에 관한 법률에 따른 구분소유자인 경우 그들 각각을 토지소유자 1명으로 본다.

③ 조합설립인가를 신청하기 위해 동의를 한 토지소유자는 조합설립인가 신청 전에는 그 동의의사를 철회할 수 없다.

④ 조합설립인가를 신청하기 위한 토지면적의 산정에는 국·공유지가 포함된다.

⑤ 국·공유지를 제외한 전체 사유 토지면적 및 토지소유자에 대하여 법에 따른 동의요건 이상으로 동의받은 후에 그 토지면적 및 토지소유자의 수가 법적 동의요건에 미달된 경우에는 국공유지관리청의 동의를 받아야 한다.

해설 ③ 조합설립인가를 신청하기 위해 동의를 한 토지소유자는 조합설립인가 신청 전에는 그 동의의사를 철회할 수 있다.

예제8 **도시개발법령상 도시개발조합에 관한 설명으로 옳은 것은?**

① 조합설립의 인가를 신청하려면 해당 도시개발구역의 토지면적의 3분의 2 이상에 해당하는 토지소유자의 동의 또는 그 구역의 토지소유자 총수의 2분의 1 이상의 동의를 받아야 한다.

② 조합설립인가에 동의한 자로부터 토지를 취득한 자는 조합 설립인가 신청 전에 동의를 철회할 수 있다.

③ 조합원은 보유토지의 면적에 비례하여 의결권을 갖는다.

④ 대의원회는 개발계획의 변경에 관한 총회의 권한을 대행할 수 있다.

⑤ 조합설립인가를 받은 후 정관기재사항인 주된 사무소의 소재지를 변경하려는 경우에는 지정권자의 변경인가를 받아야 한다.

해설 ②
① 조합설립의 인가를 신청하려면 도시개발구역의 토지면적의 2/3 이상에 해당하는 토지소유자의 동의와 그 구역의 토지소유자 총수의 1/2 이상의 동의를 받아야 한다.
③ 조합원은 보유토지의 면적에 관계없이 평등한 의결권을 갖는다.
④ 대의원회는 개발계획의 변경에 관한 총회의 권한을 대행할 수 없다.
⑤ 조합설립인가 받은 사항을 변경하려는 경우에는 지정권자의 변경인가를 받아야 한다. 다만, 정관기재사항인 주된 사무소의 소재지, 공고방법의 변경 등 경미한 사항을 변경하려는 경우에는 신고하여야 한다.

26. 부동산 공법상 상하관계

1. 상급자는 하급자의 의견청취를 하고, 하급자는 상급자와 협의를 한다.
2. 상급자는 하급자에게 규제·제한·통보하고, 하급자는 상급자에게 보고·승인신청·요청한다.
3. 상급자는 하급자에게 송부하고, 하급자는 상급자에게 제출한다.

예제 1 주택법상 시·도지사가 투기과열지구를 지정하거나 해제할 경우에는 국토교통부장관의 의견을 들어야 한다. [ ]

> 해설 의견을 들어야 한다.(×) → 협의하여야 한다.(○) → 국토교통부장관이 투기과열지구를 지정하거나 해제할 경우에는 시·도지사의 의견을 듣고 그 의견에 대한 검토의견을 회신하여야 하며, 시·도지사가 투기과열지구를 지정하거나 해제할 경우에는 국토교통부장관과 협의하여야 한다.

예제 2 도시개발법상 시·도지사가 실시계획을 작성하는 경우 국토교통부장관의 의견을 미리 들어야 한다. [ ]

> 해설 국토교통부장관(×) → 시장(대도시 시장은 제외)·군수 또는 구청장의 의견을 미리 들어야 한다.

예제 3 주택법령상 투기과열지구에 관한 설명으로 옳은 것은?

① 시·도지사가 투기과열지구를 지정하거나 이를 해제할 경우에는 국토교통부장관과 협의하여야 한다.
② 투기과열지구지정직전월의 주택분양실적이 전달보다 30% 이상 증가한 곳으로 주택공급이 위축될 우려가 있는 곳은 투기과열지구의 지정대상이다
③ 국토교통부장관은 1년마다 주거정책심의위원회의 회의를 소집하여 투기과열지구로 지정된 지역별로 투기과열지구 지정의 유지 여부를 재검토하여야 한다.
④ 투기과열지구에서 제한되는 전매는 상속의 경우를 포함하여 권리의 변동을 수반하는 모든 행위를 말한다.
⑤ 투기과열지구에서 건설·공급되는 주택을 이혼으로 인하여 배우자에게 이전이 불가피하고 사업주체의 동의를 받은 경우에도 배우자에게 전매할 수 없다.

> 해설 ①
> ② 30% 이상 증가한 곳(×) → 30% 이상 감소한 곳(○)
> ③ 1년마다(×) → 반기마다(○)
> ④ 투기과열지구에서 제한되는 전매는 상속의 경우를 제외하고 권리의 변동을 수반하는 모든 행위를 말한다.
> ⑤ 투기과열지구에서 건설·공급되는 주택은 이혼으로 인하여 배우자에게 이전이 불가피하고 사업주체의 동의를 받은 경우에는 배우자에게 전매할 수 있다.

27. 부동산 공법상 협의 불성립시 → 상급자가 해결한다.

협의 불성립시[형 찾아라] : 시장·군수[협의가 안 되면, 충돌시] → 도지사가 해결

시·도지사[협의가 안 되면, 충돌시] → 국토교통부장관이 해결해준다.

예제1 국토계획법상 도시·군계획시설사업이 둘 이상의 지방자치단체의 관할구역에 걸쳐 시행되는 경우, 사업시행자에 대한 협의가 성립되지 아니한 경우에는 사업면적이 가장 큰 지방자치단체가 시행자가 된다. [ ]

해설 사업면적이 가장 큰 지방자치단체(×) → 도시·군계획시설사업이 둘 이상의 지방자치단체의 관할구역에 걸쳐 시행되는 경우, 사업시행자에 대한 협의가 성립되지 아니하는 경우 도시·군계획시설사업을 시행하려는 구역이 같은 도의 관할 구역에 속하는 경우에는 관할 도지사가 시행자를 지정하고, 둘 이상의 시·도의 관할 구역에 걸치는 경우에는 국토교통부장관이 시행자를 지정한다.(○)

예제2 국토계획법상 광역도시계획을 시·도지사가 공동으로 수립하는 경우 그 내용에 관해 서로 협의가 이루어지지 아니하는 때에는 공동 또는 단독으로 국토교통부장관에게 조정신청을 하여야 한다. [ ]

해설 조정신청을 하여야 한다.(×) → 조정을 신청할 수 있다.(○)

예제3 **도시개발법령상 국토교통부장관이 도시개발구역을 지정할 수 있는 경우가 아닌 것은?**

① 국가가 도시개발사업을 실시할 필요가 있는 경우

② 산업통상자원부장관이 10만㎡ 규모로 도시개발구역의 지정을 요청하는 경우

③ 지방공사의 장이 30만㎡ 규모로 도시개발구역의 지정을 요청하는 경우

④ 한국토지주택공사 사장이 30만㎡ 규모로 국가계획과 밀접한 관련이 있는 도시개발구역의 지정을 제안하는 경우

⑤ 도시개발사업이 필요하다고 인정되는 지역이 2 이상의 시·도의 행정구역에 걸치는 때 해당 시·도지사의 협의가 성립되지 않은 경우

해설 ③ 지방공사의 장이 30만㎡ 이상의 규모로 요청하는 경우가 아니라, 공공기관의 장 또는 정부출연기관의 장이 30만㎡ 이상으로 국가계획과 밀접한 관련이 있는 개발 구역의 지정을 제안하는 경우에 국토교통부장관이 도시개발구역을 지정할 수 있다. 또는 관계 중앙행정기관의 장이 요청하는 경우에 국토교통부장관이 도시개발구역을 지정할 수 있다.
국토교통부장관이 지정할 수 있다.

> 1. 국가가 도시개발사업을 실시할 필요가 있는 경우
> 2. 관계 중앙행정기관의 장이 요청하는 경우
> 3. 공공기관의 장 또는 정부출연기관의 장(지방공사 ×)이 30만㎡ 이상으로 국가계획과 밀접한 관련이 있는 개발 구역의 지정을 제안하는 경우
> 4. 시·도지사와 대도시 시장의 협의가 성립되지 아니하는 경우
> 5. 천재지변 그 밖에의 사유로 인하여 긴급히 도시개발사업이 필요한 경우

28. 부동산 공법상 동급관계 [협의·심의]

대도시 시장은 도지사와 동급. 즉, 도지사의 통제 받지 아니한다. = 맞짱
단, 대도시의 시장은 리모델링기본계획을 수립하거나 변경하려면 도지사의 승인을 받아야 한다.

[1] 협의 [국토교통부장관 나오면 중앙, 국토교통부장관이 아니면 중앙이 아니다.]

협의 주체가 시·도지사, 시장·군수 → 관계 행정기관의 장

협의 주체가 국토교통부장관[농림축산식품부장관] → 관계 중앙행정기관의 장

[2] 심의 [국토교통부장관(장관) 나오면 중앙, 국토교통부장관(장관)이 아니면 중앙이 아니다.]

심의 주체가 시·도지사, 시장·군수 → 지방도시계획위원회

심의 주체가 국토교통부장관[농림축산식품부장관] → 중앙도시계획위원회

예제1 국토계획법상 국토교통부장관은 광역계획권을 지정하려면 관계 시·도지사, 시장·군수의 의견을 들은 후 지방도시계획위원회의 심의를 거쳐야 한다. [ ]

해설 지방도시계획위원회의 심의(×) → 중앙도시계획위원회의 심의(○)
주의 국토교통부장관, 시·도지사, 시장 또는 군수는 광역도시계획을 수립하는 경우 관계 행정기관의 장에게 기초조사에 필요한 자료를 제출하도록 요청할 수 있다.[○]
시·도지사가 결정하는 공간재구조화계획 중 복합용도구역 지정 및 입지 타당성 등에 관한 사항은 중앙도시계획위원회의 심의를 거쳐야 한다.[○]

예제2 국토계획법상 대도시 시장이 지형도면을 작성한 때에는 도지사의 승인을 받아야 한다. [ ]

해설 대도시 시장(×) → 시장·군수[대도시 시장은 제외한다]는 지형도면을 작성한 때에는 도지사의 승인을 받아야 한다.   ▶ 대도시 시장은 도지사와 동급. 즉, 도지사의 승인[통제]을 받지 아니한다.

예제3 **국토의 계획 및 이용에 관한 법령상 도시·군기본계획에 관한 설명으로 틀린 것은?**

① 수도권정비계획법에 의한 수도권에 속하지 아니하고 광역시와 경계를 같이하지 아니한 시로서 인구 10만명 이하인 시는 도시·군기본계획을 수립하지 아니할 수 있다.

② 도시·군기본계획에는 기후변화 대응 및 에너지 절약에 관한 사항에 대한 정책 방향이 포함되어야 한다.

③ 광역도시계획이 수립되어 있는 지역에 대하여 수립하는 도시·군기본계획은 그 광역도시계획에 부합되어야 한다.

④ 시장 또는 군수는 5년마다 관할구역의 도시·군기본계획에 대하여 타당성을 전반적으로 재검토하여 정비하여야 한다.

⑤ 특별시장·광역시장·특별자치시장 또는 특별자치도지사는 도시·군기본계획을 변경하려면 관계 행정기관의 장과 협의한 후 지방의회의 심의를 거쳐야 한다.

해설 ⑤ 특별시장·광역시장·특별자치시장 또는 특별자치도지사는 도시·군기본계획을 변경하려면 관계 행정기관의 장(국토교통부장관을 포함)과 협의한 후 지방도시계획위원회의 심의를 거쳐야 한다.

29. 부동산 공법상 공적주체는 협의로서 허가 · 신고 간주 → 공적주체는 보증금 예치[×], 보증[×] 사적주체는 허가받으라면 허가받고, 신고하라면 신고하고 → 사적주체만 보증금 예치, 보증을 세우고 → 공법상 모든 보증제도는 민간부문시행자만 보증금 예치, 보증을 세운다.

예제1 도시개발법상 지방공사인 시행자는 금융기관의 지급보증을 받은 경우에 한하여 토지상환채권을 발행할 수 있다. [　]

　　해설 보증을 받은 경우(×) → 지방공사(공적주체)는 지급보증을 받지 아니한다.

예제2 건축법상 국가나 지방자치단체가 건축물을 건축하기 위하여 미리 건축물의 소재지를 관할하는 허가권자와 협의한 경우에는 건축허가를 받았거나 신고한 것으로 본다. [　]

　　해설 (○) → 국가나 지방자치단체(공적주체)가 건축하는 건축물 → 공용건축물

예제3 주택법상 등록사업자는 금융기관 또는 주택도시보증공사의 보증을 받은 때에 한하여 주택상환사채를 발행할 수 있다. [　]

　　해설 (○) → 등록사업자(사적주체) → 보증을 받아 주택상환사채를 발행할 수 있다.

예제4 **국토계획법령상 도시 · 군계획시설사업의 시행 등에 관한 설명으로 틀린 것은?**

① 지방자치단체가 직접 시행하는 경우에는 이행보증금을 예치하여야 한다.

② 광역시장이 단계별 집행계획을 수립하고자 하는 때에는 미리 관계 행정기관의 장과 협의하여야 하며, 해당 지방의회의 의견을 들어야 한다.

③ 둘 이상의 시 또는 군의 관할구역에 걸쳐 시행되는 도시 · 군계획시설사업이 광역도시계획과 관련된 경우, 도지사는 관계 시장 또는 군수의 의견을 들어 직접 시행할 수 있다.

④ 행정청이 아닌 사업시행자의 처분에 대하여 그 사업시행자를 지정한 자에게 행정심판을 제기하여야 한다.

⑤ 행정청인 시행자는 이해관계인의 주소 또는 거소(居所)가 불분명하여 서류를 송달할 수 없는 경우 그 서류의 송달을 갈음하여 그 내용을 공시할 수 있다.

　　해설 ① 이행보증금을 예치하여야 한다.(×) → 지방자치단체(공적주체)는 이행보증금을 예치하지 아니한다.

30. 국토의 계획 및 이용에 관한 법률은 도시 · 군[특별시 · 광역시 · 특별자치시 · 특별자치도 · 시 또는 군(광역시의 군은 제외) → 6개 중 하나를 도시]을 대상으로 하므로 구청장이 나오지 않는다.

단, 청문에는 구청장이 나온다.

예제 1 국토계획법상 도시 · 군관리계획의 입안권은 시장 · 군수 · 구청장의 권한이다. [　]

　　해설 구청장(×) → 입안권자는 국토교통부장관, 시 · 도지사, 시장 · 군수

예제 2 국토계획법상 시장 · 군수 또는 구청장은 지구단위계획구역에 대한 지정권자이다. [　]

　　해설 구청장(×) → 지정권자는 국토교통부장관, 시 · 도지사, 시장 · 군수

예제 3 도시 · 군기본계획은 특별시장 · 광역시장 · 특별자치시장 · 도지사 · 특별자치도지사 · 시장 또는 군수가 수립하는 계획이다. [　]

　　해설 도지사(×) → 특별시 · 광역시 · 특별자치시 · 특별자치도 · 시 또는 군

예제 4 도시 · 군관리계획은 특별시 · 광역시 · 특별자치시 · 특별자치도 · 시 또는 광역시 군의 개발 · 정비 및 보전을 목적으로 수립하는 계획이다. [　]

　　해설 광역시 군(×) → 특별시 · 광역시 · 특별자치시 · 특별자치도 · 시 또는 군

예제 5 **국토의 계획 및 이용에 관한 법령상 용어 설명으로 틀린 것은?**

① 도시 · 군계획은 특별시 · 광역시 · 특별자치시 · 특별자치도 · 시 또는 광역시 관할 구역의 군에 대하여 수립하는 도시 · 군기본계획과 도시 · 군관리계획을 말한다.

② 용도지역의 지정에 관한 계획은 도시 · 군관리계획으로 결정한다.

③ 지구단위계획은 도시 · 군계획 수립대상지역 일부에 대하여 체계적 관리를 위해 수립하는 도시 · 군관리계획을 말한다.

④ 도시 · 군관리계획을 시행하기 위한 도시개발법에 따른 도시개발사업은 도시 · 군계획사업에 포함된다.

⑤ 도시 · 군계획시설은 기반시설 중 도시 · 군관리계획으로 결정된 시설이다.

　　해설 ① 광역시 관할구역의 군(×) → 특별시 · 광역시 · 특별자치시 · 특별자치도 · 시 또는 군

31. 국토의 계획 및 이용에 관한 법률상 용도지역 · 용도지구 · 용도구역

용도지역과 용도지역은 중복이 안 되나, 나머지는 전부 중복되게 지정할 수 있다.

예제1 국토계획법상 용도지역과 용도지역은 중복되게 지정할 수 있으나, 용도지구와 용도지구는 중복되게 지정할 수 없다. [　]

해설 (×) → 용도지역과 용도지역은 중복지정할 수 없으나, 용도지구와 용도지구는 중복지정할 수 있다.

예제2 **국토의 계획 및 이용에 관한 법령상 관리지역에 관한 설명 중 틀린 것은?**

> ㉠ 관리지역의 취락을 정비하기 위하여 관리지역에 자연취락지구를 중복하여 지정할 수 없다.
> ㉡ 국토환경보전을 위하여 필요하여도 보전관리지역은 자연환경보전지역에 중복하여 지정할 수 없다.
> ㉢ 관리지역에서 농지법에 따른 농업진흥지역으로 지정·고시된 지역은 이 법에 따른 자연환경보전지역으로 결정·고시된 것으로 본다.
> ㉣ 관리지역은 도시지역의 인구와 산업을 수용하기 위해 도시지역에 준하여 체계적으로 관리하거나 농림업의 진흥, 자연환경 또는 산림의 보전을 위해 농림지역 또는 자연환경보전지역에 준하여 관리가 필요한 용도지역이다.

① ㉠, ㉡　　　② ㉠, ㉢　　　③ ㉡, ㉢
④ ㉢, ㉣　　　⑤ ㉡, ㉣

해설 ② ㉠ 중복하여 지정할 수 있다.　　㉢ 농림지역으로 결정·고시된 것으로 본다.

32. 국토의 계획 및 이용에 관한 법률상 각 종 실효 · 해제 : 다음날 + 고시[의무, 확인적 의미]

1. 시가화조정구역의 시가화유보기간(5년이상 20년 이내)이 끝난 날의 다음 날에 실효
2. 도시·군계획시설 결정의 고시일부터 20년이 지날 때까지 도시·군계획시설사업이 시행되지 아니하는 경우 그 도시·군계획시설결정은 그 고시일부터 20년이 되는 날의 다음날에 효력을 잃는다.
3. 미수립시 실효 : 지구단위계획구역[도시혁신구역, 복합용도구역]의 지정에 관한 도시·군관리계획결정의 고시일부터 3년 이내에 지구단위계획[도시혁신계획, 복합용도계획]이 결정 고시되지 아니하는 경우에는 3년이 되는 날의 다음날에 지구단위계획구역[도시혁신구역, 복합용도구역]의 지정에 관한 도시·군관리계획결정은 그 효력을 잃는다.
4. 미착수시 실효 : 주민이 입안을 제안한 지구단위계획[도시혁신계획, 복합용도계획]에 관한 도시·군관리계획결정의 고시일부터 5년 이내에 이 법 또는 다른 법률에 따라 허가·인가·승인 등을 받아 사업이나 공사에 착수하지 아니하면 그 5년이 된 날의 다음날에 지구단위계획[도시혁신계획, 복합용도계획]에 관한 도시·군관리계획결정은 효력을 잃는다.
5. 기반시설부담구역지정 후 기반시설설치계획 1년 이내에 기반시설설치계획을 수립하지 아니하면 1년이 되는 날의 다음 날에 해제된 것으로 본다.

예제 1 국토계획법상 시가화조정구역에서 시가화를 유보할 수 있는 기간은 5년 이상 20년 이내에서 정하며, 시가화유보기간이 끝난 날부터 그 효력을 잃는다. [　]

해설 끝난 날(×) → 끝난 날의 다음 날(○)

예제 2 국토계획법상 지구단위계획구역의 지정에 관한 도시·군관리계획결정의 고시일부터 5년 이내에 지구단위계획구역에 관한 지구단위계획이 결정·고시되지 아니하는 경우에는 그 5년이 되는 날의 다음날에 지구단위계획구역의 지정에 관한 도시·군관리계획결정은 그 효력을 잃는다. [　]

해설 5년(×), 5년(×) → 3년(○), 3년(○) / 주민이 입안제안시 : 5년이 되는 날의 다음 날에(○)

예제 3 국토계획법상 기반시설부담구역의 지정·고시일부터 3년이 되는 날까지 기반시설설치계획을 수립하지 아니하면 그 3년이 되는 날의 다음 날에 기반시설부담구역의 지정은 해제된 것으로 본다. [　]

해설 3년(×) → 1년(○) / 3년(×) → 1년(○)

예제 4 국토계획법상 도시·군계획시설 결정의 고시일부터 10년이 지날 때까지 도시·군계획시설사업이 시행되지 아니하는 경우 그 도시·군계획시설결정은 그 고시일부터 10년이 되는 날에 효력을 잃는다. [　]

해설 10년(×) → 20년(○). 10년(×) → 20년이 되는 날의 다음 날에(○)

예제 5 **국토의 계획 및 이용에 관한 법령상 도시·군계획시설부지의 매수청구에 관한 설명으로 틀린 것은?**

① 매수의무자가 매수하기로 결정한 토지는 매수결정을 알린 날부터 2년 이내에 매수하여야 한다.

② 도시·군계획시설결정의 고시일부터 10년 이내에 도시·군계획시설사업이 시행되지 아니하는 경우 그 도시·군계획시설의 부지 중 지목이 대(垈)인 토지의 소유자는 그 토지의 매수를 청구할 수 있다.

③ 도시·군계획시설결정은 고시일부터 20년 이내에 도시·군계획시설사업이 시행되지 아니하는 경우 그 고시일부터 20년이 되는 날에 그 효력을 잃는다.

④ 매수청구를 한 토지의 소유자는 매수의무자가 매수하지 아니하기로 결정한 경우에는 개발행위허가를 받아서 공작물을 설치할 수 있다.

⑤ 해당 도시·군계획시설사업의 시행자가 정하여진 경우에는 그 시행자에게 토지의 매수를 청구할 수 있다.

해설 ③ 도시·군계획시설결정은 고시일부터 20년 이내에 도시·군계획시설사업이 시행되지 아니하는 경우 그 고시일부터 20년이 되는 날의 다음 날에 그 효력을 잃는다.

33. 국토의 계획 및 이용에 관한 법률상 녹, 관, 농, 자 set

녹지지역 + 관리지역 + 농림지역 + 자연환경보전지역 → 4개 → 4층 이하 건축

자연취락지구 : 녹지지역 · 관리지역 · 농림지역 · 자연환경보전지역의 취락을 정비하기 위한 지구

예제 1 국토계획법상 자연취락지구는 녹지지역 · 관리지역 · 농림지역 · 자연환경보전지역 · 주거지역의 취락을 정비하기 위하여 필요한 지구로 5층까지 건축할 수 있다. [   ]

해설 주거지역(×), 5층까지(×) → 4층 이하(○)

예제 2 국토계획법상 아파트는 유통상업지역 · 전용공업지역 · 일반공업지역 · 녹지지역 · 관리지역 · 농림지역 · 자연환경보전지역 · 제1종 전용주거지역, 제1종 일반주거지역에서 건축할 수 없다. [   ]

해설 (○)   참고) 단독주택은 유통상업지역 · 전용공업지역에서 건축할 수 없다.

예제 3 국토의 계획 및 이용에 관한 법령상 아파트를 건축할 수 있는 용도지역은?

① 계획관리지역   ② 일반공업지역

③ 유통상업지역   ④ 제1종 일반주거지역

⑤ 제2종 전용주거지역

해설 ⑤ 제2종 전용주거지역은 아파트를 건설할 수 있다.

34. 국토의 계획 및 이용에 관한 법령상 개발밀도관리구역은 주민 의견청취 없다.

개발밀도관리구역의 지정절차 ⇨ 주민 의견청취 ×

① 심의 : 개발밀도관리구역의 명칭, 개발밀도관리구역의 범위, 건폐율 또는 용적률을 강화 범위를 포함하여 해당 지방자치단체에 설치된 지방도시계획위원회의 심의를 거쳐야 한다.

② 고시 : 개발밀도관리구역을 지정 또는 변경한 경우에는 이를 지방자치단체의 공보에 고시하고, 고시한 내용을 인터넷 홈페이지에 게재하여야 한다.

예제 1 국토의 계획 및 이용에 관한 법령상 시장 또는 군수가 주민의 의견을 들어야 하는 경우로 명시되어 있지 않은 것은? (단, 국토교통부장관이 따로 정하는 경우는 고려하지 않음)

① 광역도시계획을 수립하려는 경우   ② 성장관리계획을 수립하려는 경우

③ 시범도시사업계획을 수립하려는 경우   ④ 기반시설부담구역을 지정하려는 경우

⑤ 개발밀도관리구역을 지정하려는 경우

해설 ⑤ 개발밀도관리구역은 주민의견청취가 없다.

35. 부동산 공법상 공취법 준용 : 수용·사용 → 매수가격, 매수절차 → 손실보상 → 이법에 특별한 규정이 없으면 공익사업을 위한 토지 등의 취득 및 보상에 관한 법률을 준용한다.

예제 1 국토계획법상 수용 및 사용에 관하여는 이 법에 특별한 규정이 있는 경우 외에는 공익사업을 위한 토지 등의 취득 및 보상에 관한 법률을 준용한다. [ ]

해설 (○)

예제 2 국토계획법상 10년 미집행 도시·군계획시설부지의 매수청구시 토지매수가격은 공시지가로 한다. [ ]

해설 공시지가로 한다.(×) → 공익사업을 위한 토지 등의 취득 및 보상에 관한 법률을 준용한다.(○)

예제 3 도시개발법상 도시개발사업을 위한 토지의 수용에 관하여 특별한 규정이 없으면 도시 및 주거환경정비법에 따른다. [ ]

해설 도시 및 주거환경정비법(×) → 공익사업을 위한 토지 등의 취득 및 보상에 관한 법률에 따른다.(○)

예제 4 **국토의 계획 및 이용에 관한 법령상 도시·군계획시설사업에 관한 설명 중 틀린 것은?**

① 수용 및 사용에 관하여는 이 법에 특별한 규정이 있는 경우 외에는 공익사업을 위한 토지 등의 취득 및 보상에 관한 법률을 준용한다.

② 도시·군계획시설에 대한 도시·군관리계획결정의 고시가 있은 때에는 공익사업을 위한 토지 등의 취득 및 보상에 관한 법률에 의한 사업인정 및 고시가 있었던 것으로 본다.

③ 도시·군계획시설사업의 시행자는 도시·군계획시설사업에 필요한 토지의 지상권, 전세권 등을 수용·사용할 수 있다.

④ 도시·군계획시설에 인접한 토지·건축물 또는 그 토지에 정착된 물건이나 그 토지·건축물 또는 물건에 관한 소유권 외의 권리를 일시 사용할 수 있다.

⑤ 재결신청은 실시계획에서 정한 도시·군계획시설사업의 시행기간에 하여야 한다.

해설 ② 도시·군관리계획결정의 고시[×] → 실시계획의 고시[○]

36. 국토계획법과 도시개발법의 협의시 의견제시 기한

1. 국토계획법은 모두 30일이나, 개발행위허가시 20일, 도시혁신구역 10일
2. 도시개발법의 실시계획 인가시 20일

예제 1 국토계획법상 국토교통부장관은 광역도시계획을 승인하거나 직접 광역도시계획을 수립 또는 변경하려면 관계 중앙행정기관의 장과 협의하여야 하면 협의 요청을 받은 관계 중앙행정기관의 장은 특별한 사유가 없는 한 그 요청을 받은 날부터 14일 이내에 의견을 제시하여야 한다. [　]

    해설 14일(×) → 30일(○)

예제 2 국토계획법상 개발행위허가 관련 인·허가의제 사항이 있으면 미리 관계 행정기관의 장과 협의하여야 하며, 협의 요청을 받은 관계 행정기관의 장은 요청을 받은 날부터 30일 이내에 의견을 제출하여야 한다. [　]

    해설 30일(×) → 20일(○)

예제 3 국토계획법상 공간재구조화계획 결정권자[국토교통부장관, 시·도지사]가 도시혁신구역 지정에 따른 공간재구조화계획을 결정하기 위하여 관계 행정기관의 장과 협의하는 경우 협의 요청을 받은 기관의 장은 요청을 받은 날부터 30일(근무일 기준) 이내에 의견을 회신하여야 한다. [　]

    해설 30일(×) → 10일(○)

예제 4 **도시개발법령상 도시개발사업의 실시계획에 관한 설명으로 틀린 것은?**

① 실시계획은 개발계획에 맞게 작성되어야 하고, 지구단위계획이 포함되어야 한다.

② 실시계획 인가신청서를 제출하는 때에는 계획평면도 및 개략설계도도 함께 첨부하여야 한다.

③ 실시계획을 고시한 경우 그 고시된 내용 중 국토의 계획 및 이용에 관한 법률에 따라 도시·군관리계획으로 결정되어야 하는 사항은 같은 법에 따른 도시·군관리계획이 결정·고시된 것으로 본다.

④ 지정권자가 실시계획을 작성 또는 인가할 때 그 내용에 인·허가 등의 의제사항이 있으면 미리 관계 행정기관의 장과 협의하여야 한다.

⑤ 행정기관의 장은 협의 요청을 받은 날부터 60일 이내에 의견을 제출하여야 한다.

    해설 ⑤ 행정기관의 장은 협의 요청을 받은 날부터 20일 이내에 의견을 제출하여야 한다.

37. 심의 기간 : 건축법은 특별건축구역은 30일 이내 심의
주택법의 분양가상한제 적용지역, 투기과열지구 해제 요청시 40일 이내 심의

예제1 건축법상 국토교통부장관 또는 특별시장·광역시장·도지사는 특별건축구역의 지정 신청을 받은 날부터 40일 이내에 건축위원회의 심의를 거쳐야 한다. [ ]

해설 40일(×) → 30일(○)

예제2 주택법상 분양가상한제 적용지역 지정의 해제를 요청받은 국토교통부장관은 요청받은 날부터 30일 이내에 주거정책심의위원회의 심의를 거쳐 분양가상한제 적용지역 지정의 해제 여부를 결정하여야 한다. [ ]

해설 30일(×) → 40일(○)

예제3 주택법상 시장·군수·구청장은 주택의 분양가격 제한과 분양가격의 공시에 관한 사항을 심의하기 위하여 사업계획승인 신청이 있는 날부터 40일 이내에 분양가심사위원회를 설치·운영하여야 한다. [ ]

해설 40일(×) → 20일(○)

38. 주택법의 리모델링(증축, 대수선)주택조합 → 건설(×)
→ 리모델링주택조합이 세대수증가형의 경우에는 건설가능(사업계획승인)

예제1 주택법상 리모델링주택조합은 주택건설예정세대수의 50% 이상의 조합원으로 구성하되, 조합원은 20명 이상이어야 한다. [ ]

해설 리모델링주택조합(×) → 리모델링주택조합을 제외한 주택조합 (○)
▶ 리모델링주택조합은 수의 제한이 없다.

예제2 주택법상 리모델링주택조합은 그 구성원을 위하여 건설하는 주택을 그 조합원에게 우선 공급할 수 있으며, 국민주택을 공급받기 위한 직장주택조합에 대하여는 사업주체가 국민주택을 그 직장주택조합원에게 우선 공급할 수 있다. [ ]

해설 리모델링주택조합(×) → 리모델링주택조합을 제외한 주택조합(○)

예제3 주택법상 세대수를 증가하는 리모델링주택조합이 그 구성원의 주택을 건설하는 경우에는 등록사업자와 공동으로 사업을 시행할 수 없다. [ ]

해설 없다.(×) → 있다.(○)

예제4 **주택법령상 주택단지 전체를 대상으로 증축형 리모델링을 하기 위하여 리모델링주택조합을 설립하려는 경우 조합설립인가 신청시 제출해야 할 첨부서류가 아닌 것은?**

① 창립총회의 회의록

② 조합원 전원이 자필로 연명한 조합규약

③ 해당 주택건설대지의 80% 이상에 해당하는 토지의 사용권원을 확보하고 해당 주택건설대지의 15% 이상에 해당하는 토지의 소유권을 확보하였음을 증명하는 서류

④ 해당 주택이 사용검사를 받은 후 15년 이상 경과하였음을 증명하는 서류

⑤ 조합원 명부

해설 ③ 리모델링주택조합은 건설(×) → 지역주택조합은 해당 주택건설대지의 80% 이상에 해당하는 토지의 사용권원을 확보하고 해당 주택건설대지의 15% 이상에 해당하는 토지의 소유권을 확보하였음을 증명하는 서류를 제출한다.

39. 도시개발법은 녹지지역하면 틀린 문장 [보전녹지지역은 시멘트 바르지마!!! 개발사업 못한다.]

도시개발법은 특별자치시장 안나와
도시개발법은 지역균형발전과 자연환경보전지역은 함께 쓰지 못한다. [안 친해]

예제1 도시개발법상 보전녹지지역에 도시개발구역을 지정할 때에는 도시개발구역을 지정한 후에 개발계획을 수립할 수 있다. [　]

해설 보전녹지지역(×) → 자연녹지지역(○)

예제2 도시개발법상 환지계획은 특별자치도지사·시장·군수 또는 구청장의 인가를 받아야 한다. [　]

해설 (○)

예제3 **도시개발법령상 도시개발구역으로 지정할 수 있는 것으로 틀린 것은?**

① 광역도시계획 및 도시·군기본계획이 수립되지 아니한 지역의 2만㎡의 주거지역

② 광역도시계획 및 도시·군기본계획이 수립된 지역의 5만㎡의 공업지역

③ 국토교통부장관이 지역균형발전을 위하여 필요하다고 인정한 100만㎡의 자연환경보전지역

④ 시·도지사가 계획적인 도시개발이 필요하다고 인정하는 30만㎡의 계획관리지역

⑤ 대도시 시장이 계획적인 도시개발이 필요하다고 인정하는 20,000㎡의 자연녹지지역

해설 ③ 국토교통부장관이 지역균형발전을 위하여 관계 중앙행정기관의 장과 협의하여 도시개발구역으로 지정하고자 하는 지역(자연환경보전지역을 제외한다)은 규모에 관계없이 개발구역으로 지정할 수 있다. 여기서 자연환경보전지역은 제외한다는 의미는 지역균형발전을 위하여 자연환경보전지역에서는 개발을 못한다는 뜻이다.

40. 도시 및 주거환경정비법은 사람[토지등소유자, 세입자, 조합원]의 1/2 이상(×) → 과반수(○)

예제1　도시정비법상 추진위원회는 토지등소유자 2분의 1 이상의 동의를 받아 추진위원장을 포함한 5명 이상의 추진위원으로 구성하고, 시장·군수 등의 승인을 받아야 한다. [　]

해설 1/2 이상(×) → 과반수(○)

예제2　도시정비법상 재개발사업은 조합이 조합원의 1/2 이상의 동의를 얻어 시장·군수 등과 공동으로 시행할 수 있다. [　]

해설 1/2 이상(×) → 과반수(○)

예제3　도시정비법상 재개발사업은 토지등소유자가 20인 미만인 경우에는 토지등소유자가 시행하거나 토지등소유자가 토지등소유자의 1/2 이상의 동의를 받아 시장·군수 등, 토지주택공사 등, 건설업자, 등록사업자 또는 대통령령으로 정하는 요건을 갖춘자(신탁업자와 한국부동산원)와 공동으로 시행할 수 있다. [　]

해설 1/2 이상(×) → 과반수(○)

예제4　**도시 및 주거환경정비법령상 다음 (　)에 들어갈 내용으로 옳은 것은?**

> 환지로 공급하는 방법으로 시행하는 주거환경개선사업은 정비계획에 따른 공람·공고일 현재 해당 정비예정구역 안의 토지 또는 건축물의 소유자 또는 지상권자의 (㉠) 이상의 동의와 세입자 세대수 (㉡)의 동의를 각각 얻어 시장·군수 등이 직접 시행하거나 토지주택공사등을 사업시행자로 지정하여 이를 시행하게 할 수 있다. 다만, 세입자의 세대수가 토지등소유자의 (㉢) 이하인 경우 등 대통령령이 정하는 사유가 있는 경우에는 세입자의 동의절차를 거치지 아니할 수 있다.

　　(㉠)　　　(㉡)　　　(㉢)　　　　　　(㉠)　　　(㉡)　　　(㉢)
① 2분의 1 － 과반수 － 2분의 1　　② 2분의 1 － 3분의 2 － 3분의 1
③ 3분의 2 － 과반수 － 3분의 1　　④ 3분의 2 － 과반수 － 2분의 1
⑤ 3분의 2 － 3분의 2 － 3분의 1

해설 ④ 3분의 2 － 과반수 － 2분의 1

테마 03 반복적으로 기출되는 문제은행 60선

01. 국토의 계획 및 이용에 관한 법령상 용어의 정의에 관한 설명으로 옳은 것은?

① 지구단위계획은 도시·군계획 수립대상 지역의 전부에 대하여 토지이용을 합리화하고 그 기능을 증진시키며 미관을 개선하고, 해당 지역을 체계적·계획적으로 관리하기 위하여 수립하는 도시·군관리계획을 말한다.

② 도시·군계획은 도시·군기본계획과 광역도시계획으로 구분한다.

③ 개발밀도관리구역은 개발로 인하여 기반시설이 부족할 것이 예상되나 기반시설의 설치가 용이한 지역을 대상으로 건폐율이나 용적률을 완화하여 적용하기 위하여 지정하는 구역을 말한다.

④ 시장 또는 군수가 관할구역에 대하여 다른 법률에 따른 환경·교통·수도·하수도·주택등 부문별 계획을 수립하는 때에는 도시·군기본계획의 내용과 부합하여야 한다.

⑤ 공간재구조화계획은 토지의 이용 및 건축물이나 그 밖의 시설의 용도·건폐율·용적률·높이 등을 강화하는 용도구역의 효율적이고 계획적인 관리를 위하여 수립하는 계획을 말한다.

▶ 1. 정답 ④
① 전부(×) → 일부(○)
② 광역도시계획(×)
→ 도시·군관리계획(○)
③ 용이(×) → 곤란(○)
완화(×) → 강화(○)
⑤ 강화(×) → 완화(○)

02. 국토의 계획 및 이용에 관한 법령상 광역도시계획에 관한 설명으로 틀린 것은?

① 광역도시계획을 공동으로 수립하는 시·도지사는 그 내용에 관하여 서로 협의가 이루어지지 아니하는 때에는 공동 또는 단독으로 국토교통부장관에게 조정을 신청하여야 한다.

② 광역계획권이 같은 도의 관할구역에 속하여 있는 경우 광역계획권은 도지사가 지정할 수 있고 광역도시계획은 관할 시장 또는 군수가 공동으로 수립하여야 한다.

③ 도지사가 시장 또는 군수의 요청으로 관할 시장 또는 군수와 공동으로 광역도시계획을 수립하는 경우에는 국토교통부장관의 승인을 받지 아니한다.

④ 광역계획권을 지정한 날부터 3년이 지날 때까지 관할 시·도지사로부터 승인 신청이 없는 경우에는 국토교통부장관이 수립하여야 한다.

⑤ 국토교통부장관, 시·도지사, 시장 또는 군수가 기초조사정보체계를 구축한 경우에는 등록된 정보의 현황을 5년마다 확인하고 변동사항을 반영하여야 한다.

▶ 2. 정답 ①
① 조정을 신청하여야
한다.(×) → 조정을 신
청할 수 있다.(○)

03. 국토의 계획 및 이용에 관한 법령상 도시·군기본계획에 관한 설명으로 옳은 것은?

① 수도권의 시로서 광역시와 경계를 같이하는 시 또는 군으로 인구 10만명 이하인 시·군은 도시·군기본계획을 수립하지 아니할 수 있다.

② 특별시장·광역시장·특별자치시장·특별자치도지사가 수립한 도시·군기본계획의 승인은 국토교통부장관이 하고, 시장·군수가 수립한 도시·군기본계획의 승인은 도지사가 한다.

③ 시장·군수는 인접한 시·군의 시장·군수와 협의를 거쳐 인접한 시·군의 관할구역 전부를 포함하는 도시·군기본계획을 수립할 수 있다.

④ 도시·군기본계획의 내용이 광역도시계획의 내용과 다를 때에는 국토교통부장관이 결정하는 바에 따른다.

⑤ 시장 또는 군수는 10년마다 관할구역의 도시·군기본계획에 대하여 타당성 여부를 전반적으로 재검토하여 이를 정비하여야 한다.

▶ 3. 정답 ③
① 수도권의 시로서(×) → 수도권에 속하지 아니하고(○)
경계를 같이하는(×) → 경계를 같이하지 아니하는(○)
② 승인(×) → 특별시장·광역시장·특별자치시장·특별자치도지사는 직접확정 한다.
④ 광역도시계획의 내용이 우선한다.
⑤ 5년마다 재검토하여 이를 정비하여야 한다.

04. 국토의 계획 및 이용에 관한 법령상 도시·군관리계획의 내용은 몇 개 인가?

㉠ 개발밀도관리구역의 지정에 관한 계획
㉡ 기반시설부담구역의 지정에 관한 계획
㉢ 용도지역의 행위제한에 관한 계획
㉣ 도시자연공원구역의 행위제한에 관한 계획
㉤ 도시혁신구역의 지정에 관한 계획
㉥ 도시개발법에 따른 유통단지조성사업에 관한 계획
㉦ 도시 및 주거환경정비법에 따른 재개발사업에 관한 계획
㉧ 기반시설의 정비에 관한 계획
㉨ 성장관리계획의 수립
㉩ 도시·군계획시설입체복합구역의 지정에 관한 계획

① 3개　② 4개　③ 5개　④ 6개　⑤ 7개

▶ 4. 정답 ③
㉤, ㉥, ㉦, ㉧, ㉩은 도시·군관리계획의 내용이다.
㉢ 용도지역의 행위제한은 대통령령으로 정한다.
㉣ 도시자연공원구역의 행위제한은 도시공원 및 녹지등에 관한 법률로 정한다.

05. 국토의 계획 및 이용에 관한 법령상 주민이 도시·군관리계획의 입안을 제안하려는 경우 요구되는 제안 사항별 토지소유자의 동의 요건으로 틀린 것은? (단, 동의 대상 토지 면적에서 국·공유지는 제외함)

① 기반시설의 설치에 관한 사항 : 대상 토지 면적의 4/5 이상

② 도시·군계획시설입체복합구역의 지정 및 변경 : 대상 토지 면적의 2/3 이상

③ 지구단위계획구역의 지정과 지구단위계획의 수립에 관한 사항 : 대상 토지 면적의 2/3 이상

④ 산업·유통개발진흥지구의 지정에 관한 사항 : 대상 토지 면적의 2/3 이상

⑤ 용도지구 중 해당 용도지구에 따른 건축물이나 그 밖의 시설의 용도·종류 및 규모 등의 제한을 지구단위계획으로 대체하기 위한 용도지구의 지정에 관한 사항 : 대상 토지 면적의 2/3 이상

▶ 5. 정답 ②
② 도시·군계획시설입체복합구역의 지정 및 변경 : 대상 토지 면적의 4/5 이상

06. 국토의 계획 및 이용에 관한 법령상 도시·군관리계획에 관한 설명으로 옳은 것은?

① 시가화조정구역의 지정에 관한 도시·군관리계획 결정 당시 이미 사업에 착수한 자는 도시·군관리계획결정에 관계없이 계속할 수 있다.

② 도시·군관리계획 결정은 지형도면을 고시한 날의 다음 날부터 효력이 발생한다.

③ 시장 또는 군수가 입안한 지구단위계획의 수립·변경에 관한 도시·군관리계획은 시장 또는 군수가 직접 결정한다.

④ 시가화조정구역의 지정 및 변경에 관한 도시·군관리계획은 국토교통부장관이 결정한다.

⑤ 도시지역의 확대에 따른 용도지역의 변경을 내용으로 하는 도시·군관리계획을 입안하는 경우에는 주민 의견청취를 생략할 수 있다.

▶ 6. 정답 ③
① 3개월 이내 신고하고 계속할 수 있다.
② 지형도면을 고시한 날부터 효력이 발생한다.
④ 시·도지사가 결정한다. [국가계획과 연계시 국토교통부장관]
⑤ 도시지역의 확대(×) → 축소(○)

07. 국토의 계획 및 이용에 관한 법령상 공간재구조화계획에 관한 설명으로 틀린 것은?

① 국토교통부장관, 시·도지사, 시장 또는 군수는 도시혁신구역을 지정하고 도시혁신계획을 수립하기 위하여 공간재구조화계획을 입안하여야 한다.

② 공간재구조화계획의 결정권자는 국토교통부장관, 시·도지사, 대도시 시장이다.

③ 주민(이해관계자를 포함한다)은 복합용도구역의 지정을 위하여 공간재구조화계획 입안권자에게 공간재구조화계획의 입안을 제안할 수 있다.

④ 공간재구조화계획의 입안을 제안받은 공간재구조화계획 입안권자는 국유재산·공유재산이 공간재구조화계획으로 지정된 용도구역 내에 포함된 경우에는 제안자 외의 제3자에 의한 제안이 가능하도록 제안 내용의 개요를 공고하여야 한다.

⑤ 공간재구조화계획 결정의 효력은 지형도면을 고시한 날부터 발생한다. 다만, 지형도면이 필요 없는 경우에는 제35조의6 제3항에 따라 고시한 날부터 효력이 발생한다.

▶7. 정답 ②
② 공간재구조화계획의 결정권자는 국토교통부장관, 시·도지사[대도시 시장×]이다.

08. 국토의 계획 및 이용에 관한 법령상 용도지역에 관한 설명으로 틀린 것은?

① 용도지역과 용도지역은 중복 지정할 수 없으나 용도지구와 용도구역은 중복 지정할 수 있다.

② 공유수면(바다에 한한다)의 매립목적과 이웃하고 있는 용도지역의 토지 이용목적이 같으면 매립지의 용도지역은 준공인가일부터 이와 이웃한 용도지역과 동일한 용도지역으로 지정된 것으로 본다.

③ 산업입지 및 개발에 관한 법률에 따라 농공단지로 지정·고시된 지역은 도시지역으로 결정·고시된 것으로 본다.

④ 도시지역·관리지역·농림지역 또는 자연환경보전지역으로 지정되지 아니한 지역의 건폐율은 20% 이하, 용적률은 50% 이상 80% 이하를 적용한다.

⑤ 아파트는 유통상업지역·전용공업지역·일반공업지역·녹지지역·관리지역·농림지역·자연환경보전지역·제1종 전용주거지역·제1종 일반주거지역에서 건축할 수 없다.

▶8. 정답 ③
③ 농공단지로 지정·고시된 지역은 도시지역으로 결정·고시된 것으로 보지 아니한다.

09. 국토의 계획 및 이용에 관한 법령상 용도지역의 용적률 순서를 높은 것부터 낮은 것 순으로 바르게 나열한 것은?

㉠ 보전관리지역	㉡ 제2종 전용주거지역
㉢ 전용공업지역	㉣ 준주거지역
㉤ 일반상업지역	㉥ 제1종 일반주거지역

① ㉤ – ㉣ – ㉥ – ㉢ – ㉡ – ㉠

② ㉤ – ㉣ – ㉢ – ㉥ – ㉡ – ㉠

③ ㉢ – ㉣ – ㉤ – ㉥ – ㉡ – ㉠

④ ㉣ – ㉢ – ㉥ – ㉤ – ㉡ – ㉠

⑤ ㉠ – ㉣ – ㉡ – ㉢ – ㉥ – ㉤

▶ **용적률 큰 것부터 작은 것 순서: 상업지역(중,일,유,근) → 준주거지역 → 준공업지역 → 공업 → 주거(일반[3,2,1]/ 전용[2,1])→ 100%(제1종 전용주거지역, 생산녹지지역, 자연녹지지역, 계획관리지역) → 80%(보전녹지지역, 보전관리지역, 자연환경보전지역, 농림지역, 생산관리지역)**

▶ 9. 정답 ②
㉠ 보전관리지역[80%]
㉡ 제2종 전용주거지역 [150%]
㉢ 전용공업지역[300%]
㉣ 준주거지역[500%]
㉤ 일반상업지역 [1300%]
㉥ 제1종 일반주거지역 [200%]

10. 국토의 계획 및 이용에 관한 법령상 용도지구에 대한 설명으로 틀린 것은?

① 특정용도제한지구는 주거기능 및 교육환경 보호나 청소년 보호 목적으로 오염물질 배출시설, 청소년 유해시설 등 특정시설의 입지를 제한할 필요가 있는 지구이다.

② 경관지구에서는 특화경관지구, 자연경관지구, 시가지경관지구, 보호지구는 역사문화환경보호지구, 중요시설물보호지구, 생태계보호지구, 방재지구는 시가지방재지구, 자연방재지구로 세분하여 지정할 수 있다.

③ 용도지역·용도지구에서의 도시·군계획시설에 대하여는 용도지역·용도지구에서의 건축제한 규정을 적용하지 아니한다.

④ 고도지구에서 건축물을 신축하는 경우 도시·군계획조례로 정하는 높이를 초과하여 건축할 수 없다.

⑤ 자연취락지구는 녹지지역·관리지역·농림지역 또는 자연환경보전지역의 취락을 정비하기 위하여 필요한 지구이며, 집단취락지구의 행위제한은 개발제한구역의 취락을 정비하기 위하여 필요한 지구이다.

▶ 10. 정답 ④
④ 도시·군관리계획으로 정하는 높이를 초과하여 건축할 수 없다.

11. 국토의 계획 및 이용에 관한 법령상 용도구역에 관한 설명으로 옳은 것은?

① 시·도지사 또는 대도시 시장은 도시자연공원구역의 지정을 광역도시계획으로 결정할 수 있다.

② 국토교통부장관은 국방과 관련하여 보안상 도시의 개발을 제한할 필요가 있을 경우 개발제한구역의 지정을 도시·군기본계획으로 결정할 수 있다.

③ 국가계획과 연계하여 시가화조정구역의 지정이 필요한 경우에는 국토교통부장관이 도시·군기본계획으로 결정할 수 있다.

④ 해양수산부장관은 수산자원보호구역의 변경을 광역도시계획으로 결정하며, 행위제한은 수산자원관리법에 따른다.

⑤ 시·도지사가 지정할 수 있는 용도구역은 시가화조정구역, 도시자연공원구역, 도시혁신구역, 복합용도구역, 입체복합구역이다.

▶11. 정답 ⑤
①, ②, ③, ④ 도시·군관리계획으로 결정할 수 있다.

1. 개발제한구역의 지정 및 변경에 관한 도시·군관리계획(국토교통부장관)
2. 시가화조정구역(시·도지사), 국가계획과 연계하여 시가화조정구역의 지정(국토교통부장관)
3. 수산자원보호구역의 지정 및 변경에 관한 도시·군관리계획(해양수산부장관)
4. 도시자연공원구역의 지정 (시·도지사, 대도시 시장)
5. 도시혁신구역의 지정 ⇨ 공간재구조화계획 결정권자(국토교통부장관, 시·도지사)
6. 복합용도구역의 지정 ⇨ 공간재구조화계획 결정권자(국토교통부장관, 시·도지사)
7. 입체복합구역의 지정 ⇨도시·군관리계획 결정권자 (국토교통부장관, 시·도지사, 대도시 시장)

12. 국토의 계획 및 이용에 관한 법령상 도시혁신구역에 관한 설명으로 틀린 것은?

① 공간재구조화계획 결정권자인 국토교통부장관, 시·도지사는 유휴토지 또는 대규모 시설의 이전부지에 도시혁신구역으로 지정할 수 있다.

② 도시혁신구역의 지정 및 변경과 도시혁신계획은 도시혁신구역의 지정 목적 등을 종합적으로 고려하여 공간재구조화계획으로 결정한다.

③ 다른 법률에서 공간재구조화계획의 결정을 의제하고 있는 경우에는 이 법에 따르지 아니하고 도시혁신구역의 지정과 도시혁신계획을 결정할 수 있다.

④ 도시혁신구역에 대하여는 학교용지 확보 등에 관한 특례법에 따른 학교용지의 조성·개발 기준에도 불구하고 도시혁신계획으로 따로 정할 수 있다.

⑤ 도시혁신구역으로 지정된 지역은 「건축법」 제69조에 따른 특별건축구역으로 지정된 것으로 본다.

▶12. 정답 ③
③ 다른 법률에서 결정할 수 없다.

13. 국토의 계획 및 이용에 관한 법령상 기반시설의 종류와 그 시설의 연결로 틀린 것은?

① 교통시설 - 주차장

② 공공 · 문화체육시설 - 공공공지

③ 방재시설 - 저수지

④ 환경기초시설 - 하수도

⑤ 유통 · 공급시설 - 공동구

Tip 기반시설

1. 교통시설 : 도로 · 철도 · 항만 · 공항 · 주차장 · 자동차정류장 · 궤도, 차량 검사 및 면허시설
2. 공간시설 : 광장 · 공원 · 녹지 · 유원지 · 공공공지 등
3. 유통 · 공급시설 : 유통업무설비 · 수도 · 전기 · 가스 · 열공급설비 · 방송 · 통신시설 · 공동구 · 시장, 유류저장 및 송유설비
4. 공공 · 문화체육시설 : 학교 · 공공청사 · 문화시설 · 공공필요성이 인정되는 체육시설 · 연구시설 · 사회복지시설 · 청소년수련시설
5. 방재시설 : 하천 · 유수지 · 저수지 · 방화설비 · 방풍설비 · 방수설비 · 사방설비 · 방조설비
6. 보건위생시설 : 장사시설 · 종합의료시설 · 도축장
7. 환경기초시설 : 하수도 · 폐기물처리 및 재활용 시설 · 빗물저장 및 이용시설 · 수질오염방지시설 · 폐차장

▶ 13. 정답 ②
② 공간시설 - 공공공지

14. 국토의 계획 및 이용에 관한 법령상 공동구에 관한 설명으로 틀린 것은?

① 택지개발촉진법에 따른 100만 제곱미터의 택지개발지구에서 개발사업을 시행하는 자는 공동구를 설치하여야 한다.

② 공동구관리자는 5년마다 해당 공동구의 안전 및 유지관리계획을 수립 · 시행하여야 하며, 공동구관리자는 1년에 1회 이상 공동구의 안전점검을 실시하여야 한다.

③ 하수도관, 가스관은 공동구협의회의 심의를 거쳐 공동구에 수용할 수 있다.

④ 공동구 설치비용 부담액을 완납하지 않은 자가 공동구를 점용하려면 그 공동구를 관리하는 공동구 관리자의 허가를 받아야 한다.

⑤ 공동구의 설치에 필요한 비용은 이 법 또는 다른 법률에 특별한 규정이 있는 경우를 제외하고는 공동구 점용예정자와 사업시행자가 부담하고, 공동구 관리에 소요되는 비용은 공동구를 점용하는 자가 함께 부담한다.

▶ 14. 정답 ①
① 200만 제곱미터를 초과하는 택지개발지구에서 개발사업을 시행하는 자는 공동구를 설치하여야 한다.

15. 국토의 계획 및 이용에 관한 법령상 도시·군계획시설사업에 관한 기술 중 옳은 것은?

① 한국토지주택공사가 사업의 시행자로 지정을 받으려면 도시·군계획시설사업의 대상인 토지면적의 3분의 2 이상에 해당하는 토지를 소유하고, 토지소유자 총수의 2분의 1 이상에 해당하는 자의 동의를 받아야 한다.

② 행정청이 아닌 사업시행자의 처분에 대하여 그 사업시행자에 행정심판을 제기할 수 있다.

③ 도시·군계획시설에 대한 도시·군관리계획결정의 고시가 있은 때에는 공익사업을 위한 토지 등의 취득 및 보상에 관한 법률에 따른 사업인정 및 그 고시가 있었던 것으로 본다.

④ 도시·군계획시설사업의 시행자는 필요한 경우에는 도시·군계획시설에 인접한 토지·건축물을 일시 수용할 수 있다.

⑤ 도지사는 광역도시계획과 관련되는 경우 관계 시장 또는 군수의 의견을 들어 직접 사업을 시행할 수 있다.

▶ 15. 정답 ⑤
① 한국토지주택공사는 동의를 받지 아니 한다.
② 그 사업시행자를 지정 한 자에게 행정심판을 제기할 수 있다.
③ 도시·군관리계획결정의 고시가 아니라 실시계획을 고시한 날이다.
④ 인접한 토지·건축물을 일시 사용할 수 있다.

16. 국토의 계획 및 이용에 관한 법령상 장기미집행 도시·군계획시설부지에 대한 매수청구에 관한 설명으로 옳은 것은?

① 지방공사인 매수의무자는 토지소유자가 원하는 경우 도시·군계획시설채권을 발행하여 지급할 수 있다.

② 매수의무자는 매수청구를 받은 날부터 2년 이내에 매수 여부를 결정하여 통지하여야 하며, 매수의무자가 매수하기로 결정한 토지는 매수결정을 알린 날부터 6개월 이내에 매수하여야 한다.

③ 매수청구를 한 토지소유자는 매수의무자가 매수하지 아니하기로 결정한 경우에는 개발행위허가를 받아 2층의 다가구주택을 건축할 수 있다.

④ 도시·군계획시설 결정·고시일부터 10년 이내에 사업이 시행되지 아니하여도 도시·군계획시설사업의 실시계획인가가 있는 경우에는 매수청구를 할 수 없다.

⑤ 도시·군계획시설의 결정 고시일부터 20년이 경과될 때까지 그 사업이 시행되지 아니한 경우 그 고시일부터 20년이 되는 날에 도시·군계획시설결정의 효력을 잃는다.

▶ 16. 정답 ④
① 지방공사(×)
→ 지방자치단체(○)
② 6개월 이내에 매수 여부를 결정하여 통지하여야 하며, 매수결정을 알린 날부터 2년 이내에 매수하여야 한다.
③ 다가구주택(×)
→ 단독주택(○)
⑤ 그 고시일부터 20년이 되는 날의 다음날에 도시·군계획시설결정의 효력을 잃는다.

17. 국토의 계획 및 이용에 관한 법령상 지구단위계획 등에 관한 설명 중 틀린 것은?

① 도시지역 외의 지구단위계획으로 해당 용도지역 또는 개발진흥지구에 적용되는 건폐율의 150% 및 용적률의 200% 이내에서 완화하여 적용할 수 있다.

② 무도장을 불허하고 있는 지구단위계획구역에서는 일반상업지역이라 하더라도 무도장을 건축할 수 없다.

③ 도시개발법에 따라 지정된 30만㎡의 도시개발구역에서 개발사업이 끝난 후 10년이 지난 지역은 지구단위계획구역으로 지정하여야 한다.

④ 지구단위계획으로 한옥마을, 차 없는 거리 조성, 차량진입금지구간을 지정, 보행자전용도로를 지정한 경우 주차장법에 따른 주차장 설치기준을 최대 100%까지 완화하여 적용할 수 있다.

⑤ 지구단위계획구역의 지정에 관한 도시·군관리계획결정의 고시일부터 3년 이내에 지구단위계획이 결정·고시되지 아니하는 경우에는 그 3년이 되는 날의 다음 날에 해당 지구단위계획구역의 지정에 관한 도시·군관리계획결정은 그 효력을 잃는다.

▶17. 정답 ③
③ 도시개발구역은 규모, 기간을 불문하고 지구단위계획구역으로 지정할 수 있다.

18. 국토의 계획 및 이용에 관한 법령상 지구단위계획에 반드시 포함되어야 할 사항으로 규정되어 있지 않은 것은?

① 건축물의 용도제한

② 기반시설의 배치와 규모

③ 건축물의 건폐율 또는 용적률

④ 건축물 높이의 최고한도 또는 최저한도

⑤ 건축물의 배치·형태·색채 또는 건축선에 관한 계획

▶18. 정답 ⑤
⑤는 지구단위계획의 내용이나 지구단위계획에 반드시 포함되어야 할 사항이 아니다.

19. 국토의 계획 및 이용에 관한 법령상 개발행위허가 등에 관한 설명으로 옳은 것은 몇 개인가?

> ㉠ 경작을 위한 경우라도 전·답 사이의 지목변경을 수반하는 토지의 형질변경은 허가를 받아야 한다.
>
> ㉡ 행정청이 아닌 자가 재해복구 또는 재난수습을 위한 응급조치를 한 경우에는 1개월 이내에 허가권자에게 이를 신고하여야 한다.
>
> ㉢ 지구단위계획구역으로 지정된 지역으로서 도시·군관리계획상 특히 필요하다고 인정하는 지역에 대해서는 최장 5년의 기간 동안 개발행위허가를 제한할 수 있다.
>
> ㉣ 토지분할에 대해 개발행위허가를 받은 자가 그 개발행위를 마치면 관할 행정청의 준공검사를 받아야 한다.
>
> ㉤ 성장관리계획이나 지구단위계획을 수립한 지역에서 부피 3만m³ 이상의 토석채취에 한하여 도시계획위원회의 심의를 거쳐야 한다.
>
> ㉥ 환경오염 방지, 위해 방지 등을 위하여 필요한 경우 지방자치단체가 시행하는 개발행위에 대해서 이행보증금을 예치하여야 한다.
>
> ㉦ 시장 또는 군수는 주거지역, 녹지지역, 관리지역, 농림지역 및 자연환경보전지역에 성장관리계획구역을 지정할 수 있다.
>
> ㉧ 계획관리지역에서 경관계획을 포함하는 성장관리계획을 수립한 경우에는 60퍼센트 이하의 범위에서 조례로 건폐율을 정할 수 있다.

① 2개　　　　② 3개　　　　③ 4개　　　　④ 5개　　　　⑤ 6개

▶19. 정답 ①
㉡, ㉢은 옳은 문장이다.
㉠ 허가를 받지아니 한다.
㉣ 준공검사를 받지 아니한다.
㉤심의를 거치지 아니한다.
㉥ 이행보증금을 예치하지 아니한다.
㉦ 주거지역(×)
㉧ 50퍼센트 이하의 범위에서 조례로 건폐율을 정할 수 있다.

20. 국토의 계획 및 이용에 관한 법령상 개발밀도관리구역에 관한 설명 중 틀린 것은?

① 도시지역에서의 개발행위로 기반시설의 수용능력이 부족할 것이 예상되는 지역 중 기반시설의 설치가 곤란한 지역을 개발밀도관리구역으로 지정할 수 있다.

② 개발밀도관리구역에서는 해당 용도지역에 적용되는 용적률의 최대한도의 50% 범위에서 용적률을 강화하여 적용한다.

③ 개발밀도관리구역의 지정기준을 정할 때 고려되는 기반시설에 수도공급설비·도로·하수도·학교가 포함된다.

④ 개발밀도관리구역의 지정권자는 특별시장·광역시장·특별자치시장·특별자치도지사·시장 또는 군수이다.

⑤ 향후 2년 이내 해당 지역의 학생수가 학교수용능력 20% 이상 초과할 것으로 예상되는 지역은 개발밀도관리구역의 지정기준에 해당한다.

▶20. 정답 ①
① 도시지역(×)
→ 주거지역, 상업지역, 공업지역(○)

21. **국토의 계획 및 이용에 관한 법령상 기반시설부담구역 등에 관한 설명으로 틀린 것은?**

① 녹지지역에서 제1종 전용주거지역으로 변경되는 지역은 기반시설부담구역으로 지정하여야 한다.

② 기반시설부담구역이 지정되면 시장 또는 군수는 대통령령으로 정하는 바에 따라 기반시설설치계획을 수립하여야 하며, 이를 도시 · 군기본계획에 반영하여야 한다.

③ 기반시설설치비용은 현금, 신용카드 또는 직불카드 납부를 원칙으로 하되, 부과대상 토지 및 이와 비슷한 토지로 납부를 인정할 수 있다.

④ 기반시설부담구역의 지정고시일부터 1년이 되는 날까지 기반시설설치계획을 수립하지 아니하면 그 1년이 되는 날의 다음 날에 구역의 지정은 해제된 것으로 본다.

⑤ 기반시설부담구역은 개발밀도관리구역과 중첩하여 지정할 수 없으며, 고등교육법에 따른 학교는 기반시설부담구역에 설치가 필요한 기반시설이 아니다.

▶21. 정답 ②
② 도시 · 군관리계획에 반영하여야 한다.

22. **국토의 계획 및 이용에 관한 법령상 '법률 등의 위반자에 대한 처분'을 함에 있어서 청문을 실시해야 하는 경우로 명시된 것을 모두 고른 것은?**

㉠ 개발행위허가의 취소

㉡ 도시 · 군기본계획 승인의 취소

㉢ 개발밀도관리구역 지정의 취소

㉣ 실시계획인가의 취소

㉤ 행정청이 아닌 도시 · 군계획시설사업의 시행자 지정의 취소

① ㉠, ㉡   ② ㉡, ㉢   ③ ㉠, ㉣, ㉤

④ ㉢, ㉣, ㉤   ⑤ ㉠, ㉡, ㉢, ㉣

▶22. 정답 ③
③ ㉠, ㉣, ㉤이 옳다.
㉡ 도시 · 군기본계획 승인의 취소는 청문절차가 없다.
㉢ 개발밀도관리구역 지정의 취소는 청문절차가 없다.

23. 건축법령상 건축에 관한 설명으로 틀린 것은?

① 부속건축물이 있는 대지에 주된 건축물을 축조하는 것은 신축이다.

② 기존 5층 건축물이 있는 대지에서 층수를 7층으로 늘리는 것은 증축이다.

③ 기존 건축물의 전부 또는 일부를 해체하고 그 대지 안에 종전과 같은 규모의 범위에서 건축물을 다시 축조하는 것은 개축이다.

④ 태풍으로 멸실된 건축물을 그 대지에 연면적 합계는 종전 규모 이하이고 동수, 층수 및 높이가 모두 종전 규모 이하로 다시 축조하는 것은 재축이다.

⑤ 건축물의 주요구조부를 해체하지 아니하고 다른 대지로 옮기는 것은 이전이다.

▶ 23. 정답 ⑤
⑤ 건축물의 주요구조부를 해체하지 아니하고 같은 대지 다른 위치로 옮기는 것은 이전이다.

24. 건축법령상 대수선에 대한 설명 중 옳은 것은?

① 내력벽 벽면적을 30m² 이상 수선하여 건축물의 높이를 늘리는 것

② 방화벽·방화구획을 위한 바닥 또는 벽을 증설하여 건축물의 연면적을 넓히는 것

③ 건축물의 전면부 차양 또는 창문틀을 해체하여 변경하는 것

④ 경관지구 내의 담장의 색채를 변경하는 것으로서 증축·개축 또는 재축에 해당하지 않는 것

⑤ 건축물의 주계단·피난계단·특별피난계단을 증설하는 것

▶ 24. 정답 ⑤
① 높이를 늘리는 것은 증축이다.
② 연면적을 넓히는 것은 증축이다.
③ 대수선이 아니다.
④ 색채를 변경하는 것은 대수선이 아니다.

25. 건축법령상 사용승인을 받은 건축물의 용도변경에 관한 설명으로 틀린 것은?

① 특별시나 광역시에 소재하는 건축물인 경우에는 특별시장이나 광역시장의 허가를 받거나 신고하여야 한다.

② 창고시설을 운수시설로 용도를 변경하는 경우에는 건축물대장 기재내용의 변경을 신청하여야 한다.

③ 허가나 신고대상인 경우로서 용도변경하려는 부분의 바닥면적의 합계가 100m² 이상인 경우에는 건축물의 사용승인을 받아야 한다.

④ 용도변경하려는 부분의 바닥면적의 합계가 500m² 미만으로서 대수선에 해당되는 공사를 수반하지 아니하는 경우에는 사용승인을 받지 아니한다.

⑤ 건축주는 건축물의 용도를 복수로 하여 건축허가, 건축신고 및 용도변경 허가·신고 또는 건축물대장 기재내용의 변경 신청을 할 수 있다.

▶ 25. 정답 ①
① 특별시나 광역시에 소재하는 건축물인 경우에는 구청장의 허가를 받거나 신고하여야 한다.

26. 건축법령상 건축허가 등에 관한 설명 중 옳은 것은?

① 서울특별시 A구에서 연면적의 합계가 25층인 공장, 창고를 건축하고자 하는 경우에는 특별시장이 허가권자이다.

② 연면적의 합계가 100,000m²인 공장, 창고는 시장·군수가 건축허가를 하기 위해 도지사의 사전승인을 받아야 한다.

③ 허가권자는 허가를 받은 자가 허가를 받은 날부터 1년 이내에 공사에 착수하였으나 공사의 완료가 불가능하다고 인정되는 경우에는 허가를 취소하여야 한다.

④ 국토교통부장관은 기획재정부장관이 국민경제상 특히 필요하다고 인정하여 요청한 경우 건축허가를 받은 건축물의 착공을 제한할 수 있다.

⑤ 건축허가나 건축물의 착공을 제한하는 경우 제한기간은 2년 이내로 하며, 2회에 한하여 1년 이내의 범위에서 제한기간을 연장할 수 있다.

▶ 26. 정답 ④
① A구청장이 허가권자이다.
② 도지사의 사전승인을 받지 아니한다.
③ 2년 이내에 공사에 착수하였으나 공사의 완료가 불가능하다고 인정되는 경우에는 허가를 취소하여야 한다.
⑤ 1회에 한하여 1년 이내의 범위에서 제한기간을 연장할 수 있다.

27. 건축법령상 건축신고에 관한 설명으로 틀린 것은?

① 바닥면적 100제곱미터인 단층 건축물의 신축은 신고의 대상이다.

② 연면적 270m²인 3층 건축물의 방화벽을 수선하는 건축물의 대수선은 건축 신고를 하여야 한다.

③ 연면적 180m²인 기존 2층 건축물의 대수선은 신고를 하여야 한다.

④ 연면적 150m²인 3층 건축물의 피난계단을 증설하는 건축물의 대수선은 건축신고를 하여야 한다.

⑤ 건축신고를 한 자가 신고일부터 1년 이내에 공사에 착수하지 아니하면 그 신고의 효력이 없어진다.

▶ 27. 정답 ④
④ 연면적 150m²인 3층 건축물의 피난계단을 증설하는 건축물의 대수선은 건축허가를 받아야 한다.

28. 건축법령상 건축물의 대지와 도로에 관한 설명으로 옳은 것은?
(단, 건축법에 따른 적용 제외 및 조례는 고려하지 않음)

① 건축물의 대지는 4미터 이상이 보행과 자동차의 통행이 가능한 도로에 접하여야 한다.

② 공개공지 또는 공개공간을 설치하여야 하는 용도지역은 일반공업지역, 일반주거지역, 준주거지역, 상업지역, 준공업지역이다.

③ 주민이 장기간 통행로로 이용하는 사실상의 통로인 경우에는 이해관계인의 동의를 얻지 아니하고 건축위원회의 심의를 거쳐 허가권자가 도로로 폐지할 수 있다.

④ 건축물과 담장은 건축선의 수직면을 넘어서는 아니된다. 단, 지표 아래 부분은 건축선의 수직면을 넘어도 된다.

⑤ 주거지역 또는 상업지역에 건축하는 연면적의 합계가 1천500m² 미만인 물류시설, 지구단위계획구역으로 지정된 관리지역·농림지역·자연환경보전지역인 대지는 조경 등의 조치를 하지 아니할 수 있다.

▶ 28. 정답 ④
① 2미터 이상
② 일반공업지역(×),
③ 허가권자가 도로로 지정할 수 있다.
폐지·변경은 반드시 동의를 받아야 한다.
⑤ 조경 등의 조치를 하여야 한다.

29. 건축법령상 건축물의 면적, 층수 등의 산정방법에 관한 설명으로 틀린 것은?

① 건축물의 1층이 차량의 주차에 전용되는 필로티인 경우 그 면적은 바닥면적에 산입되지 아니한다.

② 용적률을 산정할 경우 연면적에는 지하층의 면적은 포함되지 않는다.

③ 건축물이 부분에 따라 층수를 달리하는 경우에 그 층수는 가중평균 층수로 산정한다.

④ 층의 구분이 명확하지 않은 건축물은 건축물의 높이 4m마다 하나의 층으로 보고 층수를 산정한다.

⑤ 지하주차장의 경사로(지상층에서 지하 1층으로 내려가는 부분으로 한정한다)는 바닥면적에 산입하지 않는다.

> ▶ 29. 정답 ③
> ③ 건축물이 부분에 따라 층수를 달리하는 경우에 그 층수는 가장 많은 층수로 산정한다.

30. 건축법령상 대지면적이 2,000m²인 대지에 각층 바닥면적이 1,000m²인 지하 2층, 지상 3층의 건축물을 건축하려고 한다. 층수와 연면적과 용적률은 얼마인가?

> ▶ 30. 정답　3층, 5,000m², 150%

31. 건축법령상 이행강제금에 관한 설명으로 옳은 것은?

① 허가권자는 최초의 시정명령이 있었던 날을 기준으로 하여 1년에 최대 3회 이내의 범위에서 그 시정명령이 이행될 때까지 반복하여 이행강제금을 부과·징수할 수 있다.

② 허가대상 건축물을 허가 받지 아니하고 건축하여 벌금이 부과된 자에게 이행강제금을 부과할 수 없다.

③ 동일인이 「건축법」에 따른 명령을 최근 2년 내에 2회 위반한 경우 부과될 금액을 100분의 150의 범위에서 가중할 수 있다.

④ 연면적이 85m² 이하의 주거용 건축물에 대한 이행강제금은 법정 부과금액의 1/2 범위에서 해당 지방자치단체의 조례가 정하는 금액을 부과한다.

⑤ 허가권자는 시정명령을 받은 자가 시정명령을 이행하는 경우에는 새로운 이행강제금의 부과를 즉시 중지하되, 이미 부과된 이행강제금은 징수하여야 한다.

> ▶ 31. 정답 ⑤
> ① 1년에 최대 2회 이내의 범위에서
> ② 이행강제금을 부과할 수 있다.
> ③ 최근 3년 내에 2회 이상 위반한 경우 부과될 금액을 100분의 100의 범위에서 가중하여야 한다.
> ④ 연면적이 60m² 이하의 주거용 건축물

32. 주택법령에 규정된 용어의 설명으로 틀린 것은?

① 국가·지방자치단체의 재정 또는 주택도시기금으로부터 자금을 지원받아 건설되거나 개량되는 주택으로서 1호당 또는 1세대당 85m² 이하인 주택은 국민주택이다.

② 민영주택은 국민주택을 제외한 주택을 말한다.

③ 건축법 시행령에 따른 제2종 근린생활시설에 해당하지 않는 다중생활시설은 준주택이다.

④ 도시형 생활주택이란 150세대 미만의 국민주택규모에 해당하는 단지형 연립주택, 단지형 다세대주택, 소형 주택을 말한다.

⑤ 원룸형주택과 주거전용면적이 85m²를 초과하는 주택 1세대를 함께 건축할 수 있다.

▶ 32. 정답 ④
④ 300세대 미만

33. 주택법령상 용어에 관한 설명으로 틀린 것은?

① 주택단지 안의 도로, 주택에 딸린 주차장은 부대시설에 속한다.

② 주택단지의 입주자의 생활복리를 위한 근린생활시설은 복리시설에 속한다.

③ 간선시설이란 도로·전기시설·가스시설·상하수도·지역난방시설 및 통신시설 등을 말한다.

④ 공구의 구분은 부설주차장 등에 해당하는 시설을 설치하거나 공간을 조성하여 6m 이상의 폭으로 공구 간 경계를 설정하고, 공구별 세대수는 300세대 이상, 전체 세대수는 600세대 이상으로 하여야 한다.

⑤ 수직증축형 리모델링의 대상이 되는 기존 건축물의 층수가 15층 이상인 경우에는 3개층[14층 이하인 경우에는 2개층]까지 증축할 수 있다.

▶ 33. 정답 ③
③ 기간시설이란 도로·전기시설·가스시설·상하수도·지역난방시설 및 통신시설 등을 말한다.
간선시설은 연결시설이다.

34. 주택법령상 주택조합에 관한 설명으로 틀린 것은?

① 세대수를 증가하는 리모델링주택조합이 그 구성원의 주택을 건설하는 경우에는 등록사업자와 공동으로 사업을 시행할 수 있다.

② 국민주택을 공급받기 위하여 지역주택조합을 설립하려는 자는 관할 시장·군수·구청장에게 신고를 하여야 한다.

③ 공개모집 이후 조합원의 사망·자격상실·탈퇴 등으로 결원을 충원하거나 미달된 조합원을 재모집하는 경우에는 신고하지 아니하고, 선착순의 방법으로 조합원을 모집할 수 있고, 조합원으로 추가 모집되는 자와 충원되는 자에 대한 조합원 자격요건 충족 여부의 판단은 해당 주택조합의 설립인가신청일을 기준으로 한다.

④ 주택을 마련하기 위하여 지역주택조합설립인가를 받으려는 자는 해당 주택건설대지의 80% 이상에 해당하는 토지의 사용권원을 확보하고, 주택건설대지의 15% 이상에 해당하는 토지의 소유권을 확보하여야 한다.

⑤ 청약 철회 의사가 도달한 날부터 7일 이내에 예치기관의 장에게 가입비등의 반환을 요청하여야 하며, 요청일부터 10일 이내에 그 가입비등을 예치한 자에게 반환하여야 한다.

▶ 34. 정답 ②
② 직장주택조합을 설립하려는 자는 관할 시장·군수·구청장에게 신고를 하여야 한다.

35. 주택법령상 주택상환사채에 관한 설명으로 옳은 것은?

① 등록사업자는 자본금 등이 대통령령이 정하는 기준에 부합하고 금융기관 또는 주택도시보증공사의 보증을 받은 때에 한하여 이를 발행할 수 있다.

② 주택상환사채를 발행하려는 자는 주택상환사채발행계획을 작성하여 기획재정부장관의 승인을 얻어야 한다.

③ 주택상환사채는 기명증권으로 하고, 사채권자의 명의변경은 취득자의 성명을 채권에 기재하는 방법으로 한다.

④ 주택상환사채의 상환기간은 5년을 초과할 수 없다.

⑤ 세대원의 근무로 인하여 세대원 일부가 다른 행정구역으로 이전하는 경우에는 주택상환사채를 양도하거나 중도에 해약할 수 있다.

▶ 35. 정답 ①
② 국토교통부장관의 승인을 얻어야 한다.
③ 취득자의 성명과 주소를 사채원부에 기록하는 방법으로 한다.
④ 3년을 초과할 수 없다.
⑤ 세대원 전부

36. 주택법령상 주택건설사업계획의 승인을 받은 사업주체에게 인정되는 매도청구권에 관한 설명으로 틀린 것은?

① 주택건설대지 중 사용권원을 확보하지 못한 대지는 물론 건축물에 대해서도 매도청구권이 인정된다.

② 사업주체는 매도청구대상 대지의 소유자에게 그 대지를 공시지가로 매도청구할 수 있다.

③ 매도청구를 하기 위해서는 매도청구 대상 대지의 소유자와 3개월 이상 협의를 하여야 한다.

④ 주택건설대지면적 중 95% 이상에 대해 사용권원을 확보한 경우 사용권원을 확보하지 못한 대지의 모든 소유자에게 매도청구할 수 있다.

⑤ 사업주체가 주택건설대지면적 중 80%에 대하여 사용권원을 확보한 경우, 사용권원을 확보하지 못한 대지의 소유자 중 지구단위계획구역 결정고시일 10년 이전에 해당 대지의 소유권을 취득하여 계속 보유하고 있는 자에 대하여는 매도청구를 할 수 없다.

▶ 36. 정답 ②
② 시가로 매도청구할 수 있다.

37. 주택법령상 사용검사 후 매도청구 등에 관한 설명으로 틀린 것은?

① 주택의 소유자들은 주택단지 전체 대지에 속하는 일부의 토지에 대한 소유권이전등기 말소소송 등에 따라 사용검사를 받은 이후에 토지소유권을 회복한 자에게 그 토지를 시가로 매도할 것을 청구할 수 있다.

② 주택의 소유자들은 대표자를 선정하여 매도청구에 관한 소송을 제기할 수 있고 대표자는 주택의 소유자 전체의 2/3 이상의 동의를 얻어 선정한다.

③ 매도청구에 관한 소송에 대한 판결은 주택의 소유자 전체에 대하여 효력이 있다.

④ 매도청구를 하려는 경우에는 해당 토지의 면적이 주택단지 전체 대지 면적의 5/100 미만이어야 한다.

⑤ 매도청구의 의사표시는 실소유자가 해당 토지 소유권을 회복한 날부터 2년 이내에 해당 실소유자에게 송달되어야 한다.

▶ 37. 정답 ②
② 주택의 소유자 전체의 3/4 이상의 동의를 얻어 선정한다.

38. 주택법령상 사업계획승인권자가 사업계획의 승인을 취소할 수 있는 사유에 관한 설명 중 틀린 것은?

① 사업주체가 사업계획승인을 받은 경우 승인받은 날부터 5년 이내 공사를 시작하지 아니한 경우 그 사업계획의 승인을 취소할 수 있으며, 사업주체가 소송진행으로 인하여 공사착수가 지연되어 연장신청을 한 경우, 사업계획승인권자는 분쟁이 종료된 날부터 1년 범위에서 공사 착수기간을 연장할 수 있다.

② 사업주체가 공구별 분할 시행에 따라 사업계획승인을 받은 경우에는 최초로 공사를 진행하는 공구는 승인받은 날부터 5년 이내 공사를 시작하지 아니한 경우 그 사업계획의 승인을 취소할 수 있다.

③ 사업주체가 공구별 분할 시행에 따라 사업계획승인을 받은 경우에는 최초로 공사를 진행하는 공구 외의 공구는 해당 주택단지에 대한 최초 사업계획승인일부터 2년 이내 공사를 시작하지 아니한 경우 그 사업계획의 승인을 취소할 수 없다.

④ 주택분양보증을 받지 않은 사업주체가 경매·공매 등으로 인하여 대지소유권을 상실한 경우 그 사업계획의 승인을 취소할 수 있다.

⑤ 주택분양보증을 받지 않은 사업주체의 부도·파산 등으로 공사의 완료가 불가능한 경우 그 사업계획의 승인을 취소할 수 있다.

▶ 38. 정답 ③
③ 착공신고일부터 2년 이내 공사를 시작하지 아니한 경우 그 사업계획의 승인을 취소할 수 없다.

39. 주택법령상 주택의 공급질서교란행위에 해당하는 것은?

① 도시개발채권의 양도

② 입주자저축 증서의 저당

③ 주택상환사채의 저당

④ 주택을 공급받을 수 있는 조합원의 지위의 상속

⑤ 공공사업의 시행으로 인한 이주대책에 의하여 주택을 공급받을 수 있는 지위의 매매

▶ 주택공급질서교란금지 규정에 위반하면 주택공급을 신청할 수 있는 지위를 무효로 하거나 이미 체결된 주택의 공급계약을 취소하여야 한다.

▶ 39. 정답 ⑤
⑤ 공공사업의 시행으로 인한 이주대책에 의하여 주택을 공급받을 수 있는 지위의 매매는 공급질서교란행위이다.
① 도시개발채권의 양도는 가능하다.
② 저당, ③ 저당, ④ 상속은 가능하다.

40. 주택법령상 주택의 공급 및 분양가상한제에 관한 설명으로 틀린 것은?

① 지방공사가 입주자를 모집하려는 경우 시장·군수 또는 구청장 승인을 받지 아니한다.

② 분양가격은 택지비와 건축비로 구성되며, 관광특구에서 건설·공급하는 55층인 공동주택, 도시형 생활주택, 도심 공공주택 복합사업, 주거환경개선사업, 공공재개발사업 및 공공재건축사업에서 건설·공급하는 주택은 분양가상한제를 적용하지 아니한다.

③ 국토교통부장관은 투기과열지구 중 직전월부터 소급하여 12개월간의 아파트 분양가격상승률이 물가상승률의 2배를 초과한 지역을 분양가상한제 적용지역으로 지정할 수 있다.

④ 국토교통부장관은 투기과열지구 중 직전월부터 소급하여 3개월간의 주택매매거래량이 전년 동기 대비 20퍼센트 이상 증가한 지역을 분양가상한제 적용지역으로 지정할 수 있다.

⑤ 국토교통부장관은 투기과열지구 중 직전월부터 소급하여 주택공급이 있었던 2개월 동안 해당 지역에서 공급되는 주택의 월평균 청약경쟁률이 모두 5대 1을 초과한 지역을 분양가상한제 적용지역으로 지정할 수 있다.

▶40. 정답 ②
② 공공재건축사업은 분양가상한제를 적용한다.

41. 주택법령상 투기과열지구에 관한 설명으로 틀린 것은?

① 국토교통부장관이 투기과열지구를 지정하거나 해제할 경우에 시·도지사와 협의를 하여야 한다.

② 투기과열지구에서 건설·공급되는 주택의 입주자로 선정된 지위의 전매제한기간은 해당 주택의 입주자로 선정된 날부터 해당 주택에 대한 소유권이전 등기일까지이다.

③ 투기과열지구지정직전월의 주택분양실적이 전달보다 30% 이상 감소한 곳은 투기과열지구로 지정할 수 있다.

④ 국토교통부장관은 시·도별 주택보급률 또는 자가주택비율이 전국 평균 이하인 지역을 투기과열지구로 지정할 수 있다.

⑤ 국토교통부장관은 반기마다 주거정책심의위원회의 회의를 소집하여 투기과열지구로 지정된 지역별로 투기과열지구 지정유지 여부를 재검토하여야 한다.

▶41. 정답 ②
② 투기과열지구에서 건설·공급되는 주택의 전매제한기간은 해당 주택의 입주자로 선정된 날부터 수도권은 3년이고, 수도권 외의 지역은 1년이다.

42. 세대주인 甲이 취득한 주택은 주택법령에 따른 전매제한 기간 중에 있다. 다음 중 甲이 이 주택을 전매할 수 있는 경우는? (단, 다른 요건은 충족됨)

① 세대원인 甲의 아들의 결혼으로 甲의 세대원 전원이 서울특별시로 이전하는 경우

② 甲은 상속에 의하여 취득한 주택으로 이전하면서, 甲을 제외한 나머지 세대원은 다른 새로운 주택으로 이전하는 경우

③ 甲의 세대원 전원이 1년 6개월간 해외에 체류하려는 경우

④ 甲의 실직·파산 또는 신용불량으로 경제적 어려움이 발생한 경우

⑤ 甲이 주택의 전부를 배우자에게 증여하는 경우

▶ 42. 정답 ④
① 서울특별시로 이전하는 경우에는 전매할 수 없다.
② 상속에 의하여 취득한 주택으로 甲의 세대원 전원이 이전하는 경우에는 전매할 수 있다.
③ 甲의 세대원 전원이 2년 이상 해외에 체류하려는 경우에는 전매할 수 있다.
⑤ 甲이 주택의 일부를 배우자에게 증여하는 경우에는 전매할 수 있다.

43. 도시개발법령상 도시개발구역으로 지정 후에 개발계획을 수립할 수 있는 지역에 해당하지 않는 것은?

① 자연녹지지역

② 도시개발구역에 포함되는 주거지역의 면적이 전체 개발구역 지정 면적의 50% 이상인 지역

③ 농림지역, 보전관리지역, 자연환경보전지역

④ 개발계획 공모시

⑤ 국토교통부장관이 지역균형발전을 위하여 관계 중앙행정기관장과 협의하여 도시개발구역으로 지정하려는 지역(자연환경보전지역은 제외)

▶ 43. 정답 ②
② 도시개발구역에 포함되는 주거지역의 면적이 전체 개발구역 지정 면적의 30% 이하인 지역은 도시개발구역으로 지정 후에 개발계획을 수립할 수 있다.

44. 도시개발법령상 도시개발구역을 지정한 후에 개발계획에 포함시킬 수 있는 사항이다. 틀린 것은?

① 임대주택건설계획 등 세입자 등의 주거 및 생활 안정 대책

② 순환개발 등 단계적 사업추진이 필요한 경우 사업추진 계획 등에 관한 사항

③ 도시개발구역 밖의 지역에 기반시설을 설치하여야 하는 경우에는 그 시설의 설치에 필요한 비용의 부담 계획

④ 수용 또는 사용의 대상이 되는 토지·건축물 또는 토지에 정착한 물건과 이에 관한 소유권 외의 권리, 광업권, 어업권, 양식업권, 물의 사용에 관한 권리가 있는 경우에는 세부목록

⑤ 존치하는 기존 건축물 및 공작물에 관한 계획

▶44. 정답 ⑤
⑤ 존치하는 기존 건축물 및 공작물에 관한 계획은 아니다.
①, ②, ③, ④는 도시개발구역을 지정한 후에 개발계획에 포함시킬 수 있는 사항이다.

45. 도시개발법령상 개발계획에 관한 설명으로 옳은 것은?

① 보건의료시설 및 복지시설의 설치계획, 지구단위계획은 개발계획에 포함되어야 한다.

② 지정권자는 도시개발사업을 환지방식으로 시행하려는 경우 개발계획을 수립하는 때에는 환지방식이 적용되는 지역의 토지면적의 2/3 이상에 해당하는 토지소유자 또는 그 지역의 토지소유자 총수의 1/2 이상의 동의[국가나 지방자치단체는 제외한다]를 받아야 한다.

③ 환지방식의 개발계획을 수립시 동의자 수 산정하는 경우에 국공유지를 포함하여 도시개발구역의 토지면적을 산정한다.

④ 개발구역의 지정이 제안된 후부터 개발계획이 수립되기 전까지의 사이에 토지소유자가 변경된 경우 변경된 토지소유자의 동의서를 기준으로 한다.

⑤ 개발계획 변경하는 경우 개발계획의 변경을 요청받기 전에 동의를 철회하는 사람이 있는 경우 그 사람은 동의자 수에서 포함한다.

▶45. 정답 ③
① 지구단위계획은 실시계획에 포함된다.
② "또는"이 아니라 "와"이다.
④ 변경 전 토지소유자의 동의서를 기준으로 한다.
⑤ 철회하는 사람이 있는 경우 그 사람은 동의자 수에서 제외한다.

46. 도시개발법령상 국토교통부장관이 도시개발구역을 지정할 수 있는 경우가 아닌 것은?

① 국가가 도시개발사업을 실시할 필요 있는 경우

② 기획재정부장관이 20만㎡의 규모로 도시개발구역의 지정을 요청하는 경우

③ 지방공사의 장이 30만㎡ 이상으로 국가계획과 밀접한 관련이 있는 도시개발구역의 지정을 제안하는 경우

④ 천재지변으로 인해 도시개발사업을 긴급하게 할 필요가 있는 경우

⑤ 도시개발사업이 필요하다고 인정되는 지역이 2 이상의 시·도의 행정구역에 걸치는 때 해당 시·도지사의 협의가 성립되지 않은 경우

▶ 46. 정답 ③
③ 지방공사의 장이 아니라 공공기관의 장이나 정부출연기관의 장이 30만㎡ 이상으로 국가계획과 밀접한 관련이 있는 도시개발구역의 지정을 제안하는 경우에는 국토교통부장관이 도시개발구역을 지정할 수 있다.

47. 도시개발법령상 도시개발구역의 지정 등에 관한 설명으로 옳은 것은?

① 국토교통부장관, 시·도지사, 시장·군수 또는 구청장은 도시개발사업을 시행하려는 구역의 면적이 100만㎡ 이상인 경우에는 공람기간이 끝난 후에 공청회를 개최하여야 한다.

② 도시개발구역의 면적이 200,000㎡인 경우 2 이상의 일간신문에 공고하지 아니하고 공보와 해당 시·군 또는 구의 인터넷 홈페이지에 공고할 수 있다.

③ 조합은 도시개발구역의 지정을 제안할 때에는 면적 2/3 이상의 토지소유자의 동의를 얻어 특별자치도지사, 시장·군수 또는 구청장에게 도시개발구역의 지정을 제안할 수 있다.

④ 도시개발구역이 지정·고시된 날부터 3년이 되는 날까지 실시계획의 인가를 신청하지 아니하는 경우에는 3년이 되는 날에 해제된 것으로 본다.

⑤ 취락지구에 도시개발구역이 지정·고시된 경우 도시개발구역은 도시지역과 지구단위계획구역으로 결정·고시된 것으로 본다.

▶ 47. 정답 ①
② 면적이 100,000㎡ 미만인 경우
③ 조합은 제안 못한다. 조합을 제외한 민간시행자는 면적 2/3 이상의 토지소유자의 동의
④ 3년이 되는 날의 다음날에 해제된 것으로 본다.
⑤ 도시지역과 지구단위계획구역으로 결정·고시된 것으로 보지 아니한다.

48. 도시개발법령상 도시개발구역, 도시개발 및 주거환경정비법령상 정비구역에서 허가를 받아야 하는 행위는?

① 농림수산물의 생산에 직접 이용되는 것으로서 비닐하우스의 설치

② 경작을 위한 토지의 형질변경

③ 도시개발구역(정비구역)의 개발에 지장을 주지 아니하고 자연경관을 손상하지 아니하는 범위에서의 토석의 채취

④ 도시개발구역(정비구역)에 남겨두기로 결정된 대지에서 물건을 쌓아 놓는 행위

⑤ 관상용 죽목을 경작지에 임시식재

▶ 48. 정답 ⑤
⑤ 관상용 죽목을 경작지에 임시식재는 허가를 받아야 하는 행위이다. ①, ②, ③, ④는 허가를 받지 아니한다.

49. 도시개발법령상 도시개발조합에 관한 설명으로 옳은 것은?

① 조합설립의 인가를 신청하려면 해당 도시개발구역의 토지면적의 3분의 2 이상에 해당하는 토지소유자의 동의 또는 그 구역의 토지소유자 총수의 2분의 1 이상의 동의를 받아야 한다.

② 의결권을 가진 조합원의 수가 100명인 조합은 총회의 권한을 대행하게 하기 위하여 대의원회를 둘 수 있고, 대의원회는 실시계획의 수립에 관한 총회의 권한을 대행할 수 있다.

③ 조합원은 보유토지의 면적에 비례하여 의결권을 갖으며, 조합설립인가를 받은 후 정관기재사항인 주된 사무소의 소재지를 변경하려는 경우에는 지정권자의 변경인가를 받아야 한다.

④ 조합원은 도시개발구역에 소재한 토지 또는 건축물의 소유자 또는 지상권자로 한다.

⑤ 이사의 자기를 위한 조합과의 계약에 관하여는 조합장이 조합을 대표한다.

▶ 49. 정답 ②
① "또는"이 아니라 "와"
③ 면적에 관계없는 평등한 의결권을 가진다. 주된 사무소의 소재지를 변경은 변경신고를 하여야 한다.
④ 조합원은 도시개발구역에 소재한 토지의 소유자로 한다.
⑤ 감사가 조합을 대표한다.

50. 도시개발법령상 수용 또는 사용방식에 따른 사업시행과 관련한 설명 중 옳은 것은?

① 실시계획이 고시된 경우에는 공익사업을 위한 토지 등의 취득 및 보상에 관한 법률에 따른 사업인정 및 고시가 있었던 것으로 본다.

② 지방공기업법에 의하여 설립된 지방공사인 시행자는 토지소유자의 동의 없이 도시개발사업에 필요한 토지 등을 수용 또는 사용할 수 있다.

③ 토지상환채권의 발행규모는 그 토지상환채권으로 상환할 토지·건축물이 해당 도시개발사업으로 조성되는 분양토지 또는 분양건축물의 3분의 1을 초과하지 아니하여야 한다.

④ 330m² 이하의 단독주택용지, 국민주택규모 이하의 주택건설용지, 공공택지 및 공장용지에 대하여는 수의계약의 방법으로 공급할 수 있다.

⑤ 공급될 수 있는 원형지의 면적은 해당 도시개발구역 전체 토지 면적의 3분의 1 이내로 한정되며, 원형지개발자인 지방자치단체는 10년의 범위에서 대통령령으로 정하는 기간 안에는 원형지를 매각할 수 없다.

▶ 50. 정답 ②
① 세부목록이 고시
③ 2분의 1을 초과하지 아니하여야 한다.
④ 추첨의 방법으로 공급할 수 있다.
⑤ 매각할 수 있다.

51. 도시개발법령상 도시개발사업에 있어서 환지방식과 관련된 설명 중 틀린 것은?

① 토지소유자의 신청 또는 동의가 있는 때에는 해당 토지의 전부 또는 일부에 대하여 환지를 정하지 아니할 수 있다. 다만, 해당 토지에 관하여 임차권자 등이 있는 때에는 그 동의를 받아야 한다.

② 환지계획 작성에 따른 환지계획의 기준, 보류지 책정기준 등에 관하여 필요한 사항은 시행자가 정한다.

③ 행정청이 아닌 시행자가 환지계획을 작성하는 때에는 특별자치도지사, 시장·군수 또는 구청장의 인가를 받아야 한다.

④ 종전 토지의 임차권자는 환지예정지 지정 이후에도 환지처분이 공고되는 날까지 종전의 토지를 사용하거나 수익할 수 없다.

⑤ 환지설계를 면적식으로 하는 경우 다음 조건에서 환지계획구역의 평균 토지부담률은 50%이다.

> - 환지계획구역 면적 : 170,000m²
> - 공공시설의 설치로 시행자에게 무상귀속되는 토지면적 : 20,000m²
> - 시행자가 소유하는 토지면적 : 10,000m²
> - 보류지 면적 : 100,000m²
> - 청산 대상 토지 면적 : 100,000m²

▶ 51. 정답 ②
② 환지계획 작성에 따른 환지계획의 기준, 보류지 책정기준 등에 관하여 필요한 사항은 국토교통부령으로 정한다.
⑤ [보 - 시 시 / 환 - 시 시]×100
7만/14만×100 = 50%

52. 도시개발법령상 도시개발사업에 있어서 환지방식과 관련된 설명 중 틀린 것은?

① 환지계획에서 정해진 환지는 그 환지처분의 공고가 있은 날의 다음 날부터 종전의 토지로 본다.

② 환지계획에서 환지를 정하지 아니한 종전의 토지에 있던 권리는 환지처분이 공고된 날의 다음 날이 끝나는 때에 소멸한다.

③ 체비지는 시행자가, 보류지는 환지계획에서 정한 자가 각각 환지처분의 공고가 있은 날의 다음 날에 해당 소유권을 취득한다. 다만, 이미 처분된 체비지는 해당 체비지를 매입한 자가 소유권이전등기를 마친 때에 이를 취득한다.

④ 도시개발채권의 소멸시효는 상환일부터 기산하여 원금은 5년, 이자는 2년으로 한다.

⑤ 도시개발채권의 상환은 5년 내지 10년의 범위에서 지방자치단체의 조례로 정한다.

▶ 52. 정답 ②
② 환지처분이 공고된 날이 끝나는 때에 소멸한다.

53. 도시 및 주거환경정비법령상 용어의 정의에 관한 설명으로 옳은 것은?

① 재개발사업은 정비기반시설은 양호하나 노후·불량건축물에 해당하는 공동주택이 밀집한 지역에서 주거환경을 개선하기 위한 사업을 말한다.

② 재건축사업은 정비기반시설이 열악하고 노후·불량건축물이 밀집한 지역에서 주거환경을 개선하거나 상업지역·공업지역 등에서 도시기능의 회복 및 상권활성화 등을 위하여 도시환경을 개선하기 위한 사업을 말한다.

③ 주거환경개선사업은 도시저소득 주민이 집단거주하는 지역으로서 정비기반시설이 극히 열악하고 노후·불량건축물이 과도하게 밀집한 지역의 주거환경을 개선, 단독주택 및 다세대주택이 밀집한 지역에서 정비기반시설과 공동이용시설 확충을 통하여 주거환경을 보전·정비·개량하기 위한 사업이다.

④ 재건축사업의 정비구역에 위치한 토지의 지상권자는 토지등소유자에 해당한다.

⑤ 정비기반시설은 주민이 공동으로 사용하는 놀이터, 마을회관, 공동작업장, 구판장, 세탁장, 탁아소, 어린이집, 경로당, 화장실, 수도이다.

▶ 53. 정답 ③
① 재건축사업이다.
② 재개발사업이다.
④ 지상권자는 토지등소유자에 해당하지 아니한다.
⑤ 공동이용시설이다.

54. 도시 및 주거환경정비법령상 도시 · 주거환경정비기본계획(이하 '기본계획'이라 함)의 수립에 관한 설명으로 틀린 것은?

① 도지사가 기본계획을 수립할 필요가 없다고 인정하는 대도시가 아닌 시는 기본계획을 수립하지 아니할 수 있다.

② 기본계획의 수립권자는 기본계획을 수립하거나 변경하려는 경우에는 14일 이상 주민에게 공람하여 의견을 들어야 하며, 제시된 의견이 타당하다고 인정되면 이를 기본계획에 반영하여야 한다.

③ 국토교통부장관은 기본계획에 대하여 5년마다 타당성 여부를 검토하여 그 결과를 기본계획에 반영하여야 한다.

④ 대도시의 시장이 아닌 시장은 기본계획의 내용 중 단계별 정비사업추진계획을 변경하는 때에는 도지사의 변경승인을 받지 아니할 수 있다.

⑤ 기본계획에는 건폐율 · 용적률 등에 관한 건축물의 밀도계획, 사회복지시설 및 주민문화시설 등의 설치계획이 포함되어야 한다.

▶54. 정답 ③
③ 국토교통부장관이 아니라 특별시장 · 광역시장 · 특별자치시장 · 특별자치도지사 또는 시장(이하 "기본계획의 수립권자"라 한다)은 기본계획에 대하여 5년마다 타당성 여부를 검토하여 그 결과를 기본계획에 반영하여야 한다.

55. 도시 및 주거환경정비법령상 정비구역의 지정권자가 정비구역 등을 해제하여야 하는 경우가 아닌 것은?

① 정비예정구역에 대하여 기본계획에서 정한 정비구역지정예정일부터 3년이 되는 날까지 특별자치시장, 특별자치도지사, 시장 또는 군수가 정비구역을 지정하지 아니하거나 구청장 등이 정비구역 지정을 신청하지 아니하는 경우

② 조합에 의한 재개발사업에서 토지등소유자가 정비구역으로 지정 · 고시된 날부터 2년이 되는 날까지 조합설립추진위원회의 승인을 신청하지 아니하는 경우

③ 조합에 의한 재개발사업에서 추진위원회가 추진위원회 승인일부터 2년이 되는 날까지 조합설립인가를 신청하지 아니하는 경우

④ 조합에 의한 재건축사업에서 조합설립인가를 받은 날부터 2년이 되는 날까지 사업시행계획인가를 신청하지 아니하는 경우

⑤ 토지등소유자가 시행하는 재개발사업으로서 토지등소유자가 정비구역으로 지정 · 고시된 날부터 5년이 되는 날까지 사업시행계획인가를 신청하지 아니하는 경우

▶55. 정답 ④
④ 3년이 되는 날까지 사업시행계획인가를 신청하지 아니하는 경우에는 정비구역 등을 해제하여야 한다.

56. 도시 및 주거환경정비법령상 정비사업의 시행방법에 관한 설명이다. 틀린 것은?

① 주거환경개선사업은 정비구역의 전부를 수용하여 주택을 건설한 후 토지등소유자에게 우선 공급하는 방법

② 주거환경개선사업은 정비구역에서 인가받은 사업시행계획에 따라 주택 및 부대·복리시설을 건설하여 공급하는 방법과 환지로 공급하는 방법을 혼용하는 방법

③ 재개발사업은 정비구역에서 인가받은 관리처분계획에 따라 건축물을 건설하여 공급하거나 환지로 공급하는 방법

④ 재건축사업은 정비구역에서 인가받은 관리처분계획에 따라 주택 및 부대시설·복리시설 및 오피스텔을 건설하여 공급하는 방법

⑤ 재건축사업의 준주거지역 및 상업지역에서 오피스텔을 건설하여 공급하는 경우에는 오피스텔의 연면적은 전체 건축물 연면적의 100분의 30 이하이어야 한다.

▶56. 정답 ②
② 주거환경개선사업은 사업시행계획이 아니라 관리처분계획이다.

57. 도시 및 주거환경정비법령상 조합설립추진위원회와 조합에 관한 설명 중 틀린 것은?

① 시공자 선정, 정관변경, 정비사업비의 조합원별 분담내역의 결정, 안전진단의 신청업무는 추진위원회가 수행하는 업무사항이 아니다.

② 재개발사업의 추진위원회가 조합을 설립하려면 토지등소유자의 3/4 이상 및 토지면적의 1/2 이상의 토지소유자의 동의(변경하고자 하는 때에는 총회에서 조합원의 2/3 이상의 찬성으로 의결)를 받아 시장·군수등의 인가를 받아야 한다.

③ 재건축사업 조합을 설립하려면 주택단지의 공동주택의 각 동별 구분소유자의 과반수 동의와 주택단지의 전체 구분소유자의 3/4 이상 및 토지면적의 3/4 이상의 토지소유자의 동의(변경하고자 하는 때에는 총회에서 조합원의 2/3 이상의 찬성)를 받아 시장·군수등의 인가를 받아야 한다.

④ 조합원의 자격에 관한 사항, 제명 탈퇴 및 교체, 조합의 비용부담 및 조합의 회계에 관한 사항, 정비구역의 위치 및 면적, 시공자·설계자의 선정 및 계약서에 포함될 내용의 정관을 변경하기 위하여 조합원 2/3 이상의 동의가 필요하다.

⑤ 창립총회, 시공자 선정을 위한 총회, 사업시행계획서의 작성 및 변경, 관리처분계획의 수립 및 변경, 정비사업비의 사용 및 변경을 위하여 개최하는 총회 등 경우에는 조합원의 20/100 이상이 직접 출석하여야 한다.

▶57. 정답 ⑤
⑤ 시공자의 선정을 의결하는 총회의 경우에는 조합원의 과반수가 직접 출석하여야 하고, 시공자 선정 취소를 위한 총회는 조합원의 20/100 이상이 직접 출석하여야 한다.

58. 도시 및 주거환경정비법령상 정비사업의 시행에 관한 설명으로 틀린 것은?

① 재건축사업의 사업시행계획인가를 하려는 경우 해당 사업시행자가 지정개발자인 때에는 정비사업비의 20/100의 범위에서 예치하게 할 수 있다.

② 재개발사업의 사업시행자는 사업시행으로 이주하는 상가세입자가 사용할 수 있도록 임시상가를 설치할 수 있다.

③ 사업시행자는 주거환경개선사업 및 재개발사업의 시행으로 철거되는 주택의 소유자 또는 세입자에 대하여 정비구역 내외에 소재한 임대주택 등의 시설에 임시로 거주하게 하거나 주택자금 융자알선 등 임시거주에 상응하는 조치를 하여야 한다.

④ 주거환경개선사업에 따른 건축허가를 받는 때에는 국민주택채권 매입에 관한 규정을 적용하지 아니한다.

⑤ 주거환경개선사업 중 환지방식, 자력개량방법은 제2종 일반주거지역으로 결정·고시된 것으로 본다.

▶58. 정답 ①
① 재개발사업

59. 도시 및 주거환경정비법령상 관리처분계획의 기준 등에 관한 설명으로 틀린 것은?

① 너무 좁은 토지 또는 건축물을 취득한 자나 정비구역 지정 후 분할된 토지 또는 집합건물의 구분소유권을 취득한 자에게는 현금으로 청산할 수 있다.

② 정비사업비의 추산액(재건축부담금에 관한 사항을 포함한다) 및 그에 따른 조합원 분담규모 및 분담시기는 관리처분계획의 내용이다.

③ 투기과열지구 또는 조정대상지역이 아닌 수도권정비계획법의 과밀억제권역에 위치하는 재건축사업의 경우에는 3주택까지 공급할 수 있고, 과밀억제권역에 위치하지 아니하는 재건축사업의 경우에는 1세대가 수개의 주택을 소유한 경우에는 소유한 주택의 수만큼 공급할 수 있다.

④ 청산금은 소유권 이전 고시일부터 5년간 이를 행사하지 아니하면 소멸한다.

⑤ 정비구역의 지정은 준공인가의 고시가 있은 날(관리처분계획을 수립하는 경우에는 이전고시가 있은 때를 말한다)의 다음 날에 해제된 것으로 보며, 정비구역의 해제는 조합의 존속에 영향을 주지 아니한다.

▶59. 정답 ④
④ 청산금은 소유권 이전 고시일의 다음날부터 5년간 이를 행사하지 아니하면 소멸한다.

60. 농지법령상 농지의 소유상한 및 농지취득자격증명 등에 관한 설명 중 틀린 것은?

① 1년 중 100일을 축산업에 종사하는 자, 농업경영을 통한 농산물의 연간 판매액이 100만원인 자는 농업인이다.

② 주말·체험영농을 하고자 농업진흥지역 외 농지를 취득하는 경우에는 세대당 1,000㎡ 미만 농지를 소유할 수 있고, 주말·체험영농계획서를 작성하여 농지의 소재지를 관할하는 시장·구청장·읍장·면장으로부터 농지취득자격증명을 발급받아야 한다.

③ 시·구·읍·면의 장은 농지취득자격증명의 발급 신청을 받은 날부터 7일(농업경영계획서 또는 주말·체험영농계획서를 작성하지 아니하고 농지취득자격증명의 발급신청을 할 수 있는 경우에는 4일, 농지위원회의 심의 대상의 경우에는 14일) 이내에 신청인에게 농지취득자격증명을 발급하여야 한다.

④ 시장·군수 또는 구청장은 처분명령을 이행하지 아니한 자에게 감정가격 또는 개별공시지가 중 더 높은 가액의 100분의 25에 해당하는 이행강제금을 부과한다.

⑤ 농지보전부담금의 제곱미터당 금액은 부과기준일 현재 가장 최근에 공시된 「부동산 가격공시에 관한 법률」에 따른 해당 농지의 개별공시지가에 농업진흥지역의 농지는 100분의 30, 농업진흥지역 밖의 농지는 100분의 20을 곱한 금액으로 한다.

▶ 60. 정답 ①
① 1년 중 120일 이상을 축산업에 종사하는 자, 농업경영을 통한 농산물의 연간 판매액이 120만원 이상인 자는 농업인이다.

수험생을 위한 기도...

펜이 가는 곳마다
정답이 되게 하시고...
그대와 출제자의
생각이 일치하시고...
잊었던 기억력이
마구 떠오르게 하소서~~

최선을 다하는 당신이 아름답습니다.
합격을 진심으로 기원합니다.
어제보다 아름다워지려는 당신을 축복하고 응원합니다.

부동산 공법 최성진 드림

제35회 공인중개사 시험대비 **전면개정판**

2024 박문각 공인중개사
최성진 부동산공법 찍기특강

초판인쇄 | 2024. 8. 15.　**초판발행** | 2024. 8. 20.　**편저** | 최성진 편저
발행인 | 박 용　**발행처** | (주)박문각출판　**등록** | 2015년 4월 29일 제2019-000137호
주소 | 06654 서울시 서초구 효령로 283 서경 B/D 4층　**팩스** | (02)584-2927
전화 | 교재 주문 (02)6466-7202, 동영상문의 (02)6466-7201

저자와의
협의하에
인지생략

정가 10,000원
ISBN 979-11-7262-038-7